Titel: Industrie 6.0: Die neue Ära der vernetzten Weltwirtschaft

Untertitel: Versicherungstechnische Perspektiven auf die Technologien, Herausforderungen und Chancen der Zukunft

Auflage-Nr.: 1

Autor: Marc Latza

Coverbild: DALL-E

Coverdesign: Literaturagentur Latza

Empfohlen vom: BVSV e.V.
Bundesverband der Sachverständigen für das Versicherungswesen e.V.

ISBN: 978-3-384-54486-5 Softcover

Verlag: tredition

Druck und Distribution: Im Auftrag des Autors
tredition GmbH, Heinz-Beusen-Stieg 5, 22926 Ahrensburg, Germany

Marc Latza, Im Koppelfeld 2, 48612 Horstmar, Germany.

Wir bieten dieses Buch als sog. „DYNAMIC BOOK+“ an!

Damit verbinden wir gedrucktes Wissen mit aktuellen digitalen Updates:

Während das Buch die fundierten theoretischen Grundlagen liefert, erhältst du über die App regelmäßig Live-Updates zu neuesten Entwicklungen, versicherungstechnischen Analysen und exklusiven Zusatzinhalten – immer auf dem neuesten Stand, direkt abrufbar.

Der Weg zu unserer **App**: News, Termine, Kontaktaufnahme UND **wissenswerte Details aus diesem Buch**

Inhaltsverzeichnis

Inhaltsverzeichnis

Inhaltsverzeichnis

Vorwort

In einer Welt, die sich kontinuierlich wandelt, stehen Unternehmen und Versicherer gleichermaßen vor der Herausforderung, sich den ständig neuen technologischen, wirtschaftlichen und gesellschaftlichen Gegebenheiten anzupassen.

Die Industrialisierung und der technologische Fortschritt haben die Versicherungsbranche von ihren Anfängen bis hin zu den aktuellen Entwicklungen geprägt. Mit dem Sprung von Industrie 1.0 bis zu den zukünftigen Möglichkeiten von Industrie 6.0 werden nicht nur wirtschaftliche Modelle und Produktionsprozesse transformiert, sondern auch die Art und Weise, wie Risiken erfasst, bewertet und abgesichert werden.

In diesem Buch nehme ich Sie mit auf eine Reise durch die verschiedenen Epochen der Industrialisierung und ihre Auswirkungen auf die Versicherungslandschaft. Wir werfen einen Blick auf die historische Entwicklung der Betriebsunterbrechungsversicherung, analysieren die Herausforderungen von Black Swan-Ereignissen, befassen uns mit den ethischen Fragestellungen der Branche und beleuchten, wie neue Technologien und ESG-Kriterien die Zukunft der Versicherungswelt prägen werden. Darüber hinaus werfen wir einen Blick in die Glaskugel, um die zukünftigen Entwicklungen von Industrie 6.0 und deren Auswirkungen auf die Versicherungsbranche zu verstehen.

Der Fokus dieses Buches liegt nicht nur auf den Veränderungen der Versicherungstechniken im Laufe der Zeit, sondern auch auf der Notwendigkeit, mit den Entwicklungen in der Technologie, den globalen Herausforderungen und der Gesellschaft Schritt zu halten.

In Kapitel 3 werfen wir einen besonders visionären Blick in die Zukunft, um uns mit den Auswirkungen der Künstlichen Intelligenz (KI), Automatisierung und Blockchain auf die Versicherungswirtschaft auseinanderzusetzen.

Ein besonderes Augenmerk gilt der Frage nach der Ethik und den Moral Hazards in der Versicherungsbranche. Welche Verantwortung tragen Versicherer in einer zunehmend automatisierten und datengetriebenen Welt? Wo liegen die Grenzen der Versicherbarkeit, und welche Verantwortung übernehmen Unternehmen im Hinblick auf gesellschaftliche Auswirkungen?

Mit dem Kapitel über Blockchain und der damit verbundenen Revolution der Versicherungstechnologien blicken wir auf Innovationen, die nicht nur das Risikomanagement und die Betriebsabläufe von Versicherern verändern, sondern auch die Transparenz und Sicherheit von Transaktionen und Policen erheblich steigern werden.

Abschließend betrachte ich die Betriebsunterbrechungsversicherung und deren Entwicklung bis hin zur heutigen Industrie 6.0-Ära. Die kontinuierliche Vernetzung und der 24/7-Betrieb von Maschinen werden nicht nur die Versicherungslösungen verändern, sondern auch neue, innovative Ansätze im Bereich des Business Continuity Managements (BCM) erfordern.

Dieses Buch richtet sich an alle, die ein tieferes Verständnis für die Veränderungen in der Versicherungsbranche gewinnen möchten – vom Versicherungsexperten über den Unternehmer bis hin zum technologischen Visionär.

Es soll die notwendigen Einblicke und Perspektiven bieten, um den zukünftigen Entwicklungen in einer hypervernetzten und zunehmend automatisierten Welt gewachsen zu sein.

Ich lade Sie ein, in den folgenden Kapiteln die relevanten Herausforderungen und bahnbrechenden Lösungen der Versicherungswelt zu entdecken und sich mit den Themen auseinanderzusetzen, die unsere Branche von morgen prägen werden.

Ich hoffe, dieses Werk begleitet Sie informativ und anregend durch Ihre berufliche Praxis.

März 2025,

Andreas Schwarz

Kapitel 1
Ein Blick zurück: Industrie 1.0 bis 5.0

Streng genommen ist die Titulierung von diesem Kapitel nicht richtig, da wir uns aktuell in dem Zeitfenster der Industrie 5.0 befinden, aber so schnelllebig unsere Zeit geworden ist, beschäftigt sich dieses Buch direkt mit Industrie 6.0.

Die Entwicklung der Industrie von **Industrie 1.0** bis **Industrie 5.0** stellt eine fortlaufende Revolution in der Produktionstechnik dar. Jede dieser Stufen hat ihre eigenen Merkmale und technologischen Durchbrüche, die maßgeblich die Arbeitswelt und die gesellschaftliche Struktur beeinflussten.

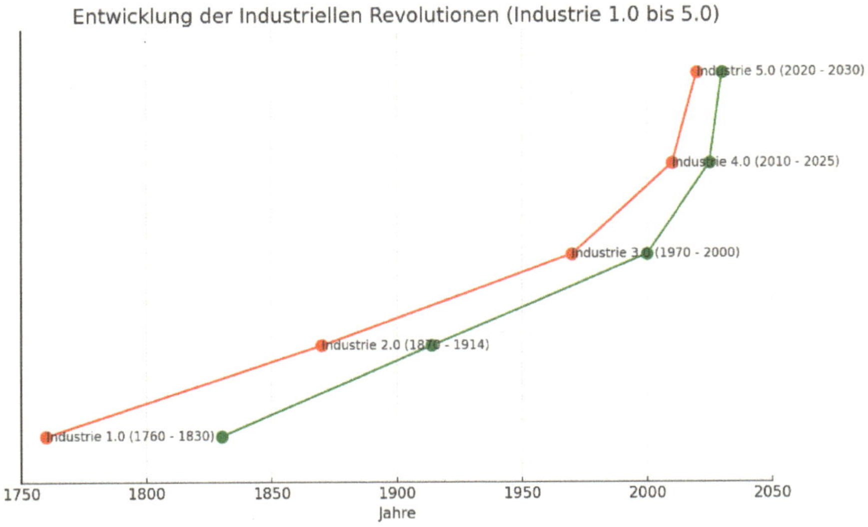

Hier kann man die „von / bis" Daten der 1.0 – 5.0 Epochen betrachten. Es fällt auf, dass die Dauer der einzelnen Epochen immer kürzer werden.

Industrie 1.0 – Die Erste industrielle Revolution (Ende des 18. Jahrhunderts bis Mitte des 19. Jahrhunderts)

Die erste industrielle Revolution begann in Großbritannien um 1760 und verbreitete sich später auf andere europäische Länder und Nordamerika. Diese Periode markiert den Übergang von einer landwirtschaftlich geprägten Gesellschaft zu einer industriellen Gesellschaft.

Wichtige Entwicklungen:

- **Mechanisierung der Produktion:** Die Einführung von **Wasser- und Dampfkraft** revolutionierte die Produktionsmethoden. Die **Dampfmaschine**, die von **James Watt** (1776 patentiert) weiterentwickelt wurde, war die treibende Kraft hinter dieser Veränderung. Sie ermöglichte es, Maschinen in Fabriken zu betreiben und Produktionsprozesse zu automatisieren.

- **Textilindustrie:** Ein herausragendes Beispiel war die Textilindustrie, in der Maschinen wie **die Spinnmaschine** und **die mechanische Webmaschine** die Herstellung von Stoffen effizienter machten.

- **Fabriksystem:** Das traditionelle Handwerk und die Manufakturen wurden von großen, mechanisierten Fabriken ersetzt, in denen Arbeiter Maschinen bedienten. Dies führte zu einer Urbanisierung, da Menschen vom Land in die Städte zogen, um Arbeit zu finden.

- **Eisenbahn und Dampfboot:** Der Bau von **Eisenbahnen** und **Dampfschiffen** revolutionierte den Transport von Waren und Menschen, was den internationalen Handel ankurbelte.

Gesellschaftliche Auswirkungen:

- **Urbanisierung:** Mit dem Wachstum der Industrien wuchs auch die Zahl der Städte und der Bedarf an Arbeitskräften. Das ländliche Leben verlor an Bedeutung, und die Städte erlebten ein enormes Wachstum.

- **Arbeiterbewegungen:** Die Arbeitsbedingungen in den Fabriken waren oft schlecht, und die Arbeiterbewegungen begannen, für bessere Arbeitsbedingungen und Rechte zu kämpfen.

Industrie 2.0 – Die Zweite industrielle Revolution
(Ende des 19. Jahrhunderts bis Anfang des 20. Jahrhunderts)

Die zweite industrielle Revolution begann in den letzten Jahrzehnten des 19. Jahrhunderts und setzte sich bis in die ersten Jahrzehnten des 20. Jahrhunderts fort. Sie war gekennzeichnet durch bedeutende technologische Fortschritte, die die Produktion noch weiter automatisierten.

Wichtige Entwicklungen:

- **Elektrifizierung:** Die Nutzung von **Elektrizität** veränderte die industrielle Fertigung tiefgreifend. Fabriken konnten nun ohne die Einschränkungen durch Dampfmaschinen betrieben werden. Elektrische Maschinen waren flexibler und effizienter.

- **Massenproduktion und Fließbandfertigung:** Einer der bekanntesten Durchbrüche war das **Fließband** in der Automobilproduktion, eingeführt von **Henry Ford** im Jahr 1913. Dies ermöglichte eine enorme Steigerung der Produktionseffizienz und senkte die Kosten, was es für die breite Bevölkerung möglich machte, Produkte wie Automobile zu kaufen.

- **Chemische Industrie:** Es gab bedeutende Fortschritte in der Chemieindustrie, darunter die Entwicklung neuer Materialien und Substanzen wie Kunststoffe, Farben und Düngemittel.

- **Stahlproduktion:** Die Entwicklung des **Bessemer-Verfahrens** und später das **Siemens-Martin-Verfahren** revolutionierten die Stahlproduktion, was zu einem signifikanten Anstieg der Herstellung von Eisenbahnschienen, Brücken und anderen wichtigen Infrastrukturgütern führte.

Gesellschaftliche Auswirkungen:

- **Verbrauchergesellschaft:** Durch die Massenproduktion wurde eine breite Konsumgesellschaft geschaffen, in der Produkte nicht nur für Eliten, sondern auch für die breitere Bevölkerung verfügbar wurden.

- **Veränderung der Arbeitswelt:** Die Arbeit wurde weiter spezialisiert, und es entstand eine neue Arbeiterklasse, die zunehmend in Fabriken und großen Produktionsstätten arbeitete.

Industrie 3.0 – Die Dritte industrielle Revolution (1970er Jahre bis 2000er Jahre)

Die dritte industrielle Revolution, auch als digitale Revolution bekannt, begann in den 1970er Jahren und war von der Einführung von **Elektronik** und **Informationstechnologie** geprägt. Sie führte zu einer weiteren Automatisierung und Rationalisierung der Produktionsprozesse.

Wichtige Entwicklungen:

- **Computerisierung und Automatisierung:** Die Verwendung von **Computern** und **Software** zur Steuerung von Maschinen und Prozessen nahm zu. Maschinen wurden zunehmend mit Mikroprozessoren ausgestattet, die eine präzisere Steuerung ermöglichten.

- **Robotertechnik:** Industrieroboter, die in der Automobilindustrie bereits in den 1970er Jahren eingeführt wurden, ermöglichten eine präzise und schnelle Fertigung.

- **Internet und Vernetzung:** In den 1990er Jahren begann das **Internet** eine zentrale Rolle zu spielen. Unternehmen begannen, das Internet für Kommunikation, Handel und die Verwaltung von Produktionsprozessen zu nutzen. Die Vernetzung von Maschinen und Systemen wurde immer wichtiger.

Gesellschaftliche Auswirkungen:

- **Globalisierung:** Die Einführung neuer Technologien und Kommunikationsmöglichkeiten führte zu einer stärkeren Globalisierung. Unternehmen begannen, ihre Produktion ins Ausland zu verlagern, um von günstigeren Arbeitskräften zu profitieren.

- **Digitalisierung des Lebens:** Neben der Produktion beeinflusste die Digitalisierung auch das Privatleben. Computer und das Internet begannen, die Art und Weise zu verändern, wie Menschen kommunizierten, lernten und arbeiteten.

Industrie 4.0 – Die Vierte industrielle Revolution (ab 2010)

Industrie 4.0 stellt die nächste Stufe der Automatisierung dar, die durch den verstärkten Einsatz von **cyber-physischen Systemen**, **Internet of Things (IoT)**, **Künstlicher Intelligenz (KI)** und **Big Data** geprägt ist. Es handelt sich um eine vollständige Vernetzung von Maschinen, Systemen und Menschen, die es ermöglicht, die Produktion noch effizienter und flexibler zu gestalten.

Wichtige Entwicklungen:

- **Vernetzung:** Maschinen, Geräte und Menschen sind miteinander vernetzt, sodass Daten in Echtzeit gesammelt, analysiert und genutzt werden können. Die Produktionssysteme werden selbstständig und autonomer.

- **Künstliche Intelligenz und Machine Learning:** Diese Technologien ermöglichen es Maschinen, aus großen Datenmengen zu lernen und ihre Prozesse selbstständig zu optimieren.

- **Additive Fertigung (3D-Druck):** Diese Technologie hat das Potenzial, die Art der Produktion zu verändern, indem sie die Fertigung von komplexen Bauteilen ohne teure Werkzeugmaschinen ermöglicht.

- **Smart Factory:** In einer „Smart Factory“ sind Maschinen und Systeme miteinander verbunden, sodass sie in Echtzeit miteinander kommunizieren und Entscheidungen autonom treffen können. Dies führt zu einer flexiblen und anpassungsfähigen Produktion.

Gesellschaftliche Auswirkungen:

- **Automatisierung von Arbeitsplätzen:** Die zunehmende Automatisierung hat zur Verringerung bestimmter Arbeitsplätze geführt, während neue Tätigkeitsfelder im Bereich der Technologie und Datenanalyse entstanden sind.

- **Veränderung der Arbeitsbedingungen:** Die Arbeitswelt verändert sich durch neue Formen von Zusammenarbeit und Kommunikation. Die Flexibilität, die durch digitale Technologien ermöglicht wird, verändert Arbeitsorte und Arbeitszeiten.

- **Datenethik:** Die Sammlung und Analyse großer Datenmengen werfen neue ethische Fragen auf, insbesondere hinsichtlich des Datenschutzes und der Sicherheitsaspekte.

Exkurs: IoT

Das **Internet der Dinge (IoT)** ist eine Schlüsseltechnologie, die in den letzten Jahren enorme Fortschritte gemacht hat und eine immer wichtigere Rolle in verschiedenen Branchen und Lebensbereichen spielt. IoT bezeichnet die Vernetzung von **physischen Geräten** und **Gegenständen**, die über das Internet miteinander kommunizieren können, um Daten auszutauschen, zu verarbeiten und auf dieser Basis Entscheidungen zu treffen.

Das Internet der Dinge wird oft als ein zentraler Bestandteil von **Industrie 4.0** und den kommenden **Industrie 5.0**-Systemen gesehen, da es tief in die digitalen Transformationen eingreift, die viele Prozesse in der Wirtschaft und Gesellschaft revolutionieren.

IoT umfasst eine riesige Bandbreite an Geräten und Anwendungen – von **intelligenten Haushaltsgeräten**, **tragbaren Fitnessgeräten** bis hin zu **Industriemaschinen** und **Fahrzeugen**. Diese Geräte sind über das Internet miteinander verbunden und können Daten sammeln, analysieren und sogar autonome Entscheidungen treffen. Im Kern ermöglicht das IoT die **Vernetzung** von Geräten, die ohne menschliches Eingreifen miteinander kommunizieren und zusammenarbeiten.

Schlüsseltechnologien im IoT

1. **Sensoren und Aktuatoren:**
   - **Sensoren** sammeln Daten aus der physischen Welt, z. B. Temperatur, Feuchtigkeit, Bewegung, Licht, etc.
   - **Aktuatoren** setzen Entscheidungen um, indem sie physische Aktionen ausführen, wie das Öffnen eines Ventils oder das Steuern von Maschinen.

2. **Kommunikationsprotokolle:**
   - IoT-Geräte müssen miteinander kommunizieren können, sei es über Wi-Fi, Bluetooth, Zigbee, 5G oder **LPWAN** (Low Power Wide Area Networks), je nach Anforderungen an Reichweite, Energieverbrauch und Bandbreite.

3. **Cloud Computing und Edge Computing:**
   - **Cloud Computing** ermöglicht die Speicherung und Analyse großer Datenmengen, die durch IoT-Geräte erzeugt werden.
   - **Edge Computing** bezieht sich auf die Verarbeitung von Daten näher an der Quelle (also auf dem Gerät oder an dessen Rand), um Latenz zu reduzieren und die Effizienz zu steigern.

4. **Datenanalyse und Künstliche Intelligenz (KI):**
    - IoT-Systeme sammeln riesige Mengen an Daten. **Big Data** und **KI** ermöglichen es, diese Daten in Echtzeit zu analysieren und Muster zu erkennen, die zu besseren Entscheidungen führen.
    - **Maschinelles Lernen** kann genutzt werden, um das Verhalten von IoT-Systemen kontinuierlich zu verbessern, indem sie aus vergangenen Daten lernen.

5. **Sicherheit und Datenschutz:**
    - Da IoT-Geräte mit dem Internet verbunden sind, besteht ein erhebliches Risiko für **Cyberangriffe** und **Datendiebstahl. Ende-zu-Ende-Verschlüsselung** und robuste **Authentifizierungsprotokolle** sind entscheidend, um die Sicherheit von IoT-Systemen zu gewährleisten.

Anwendungen des IoT

1. **Industrie 4.0 und Smart Manufacturing:**
   - In der **Industrie 4.0** ermöglicht das IoT eine **intelligente Fabrik**, in der Maschinen miteinander kommunizieren, Daten sammeln und **Autonome Fertigungssysteme** entwickeln. Dies führt zu effizienteren Produktionsprozessen, vorausschauender Wartung (Predictive Maintenance) und einer verbesserten Qualitätssicherung.
   - **Beispiel:** IoT-basierte Sensoren in Produktionsmaschinen überwachen den Zustand der Geräte und alarmieren die Wartungsteams, bevor es zu Ausfällen kommt.

2. **Smart Cities:**
   - In **Smart Cities** wird das IoT genutzt, um städtische Infrastruktur zu optimieren, wie z. B. Verkehrssteuerung, Energieversorgung und Abfallmanagement.
   - **Beispiel:** Intelligente Verkehrssysteme, die den Verkehr in Echtzeit analysieren und Ampeln entsprechend anpassen, um den Verkehrsfluss zu verbessern und Staus zu reduzieren.

3. **Gesundheitswesen (eHealth und Remote Monitoring):**
   - Im Gesundheitswesen wird das IoT zunehmend zur Überwachung von Patienten in Echtzeit eingesetzt. **Wearables** wie Smartwatches oder Fitness Tracker messen Vitalzeichen wie Herzfrequenz, Blutsauerstoff und Schlafmuster.
   - **Beispiel:** IoT-basierte Geräte ermöglichen es Ärzten, Patienten aus der Ferne zu überwachen, und warnen sie bei gesundheitlichen Problemen wie Herzrhythmusstörungen oder unregelmäßigen Blutzuckerwerten.

4. **Smart Homes und Wearables:**
   - Das IoT ist eine treibende Kraft hinter der Entwicklung von **Smart Homes**, in denen Geräte wie Thermostate, Beleuchtungssysteme, Sicherheitskameras und Haushaltsgeräte miteinander verbunden sind.
   - **Beispiel:** Smart Thermostate wie der **Nest** können die Heizungs- und Kühlgewohnheiten eines Haushalts lernen und entsprechend anpassen, um Energie zu sparen.

5. **Landwirtschaft (Precision Agriculture):**
    - IoT spielt eine wichtige Rolle in der modernen Landwirtschaft, indem es Landwirten ermöglicht, **Bodenfeuchtigkeit**, **Temperatur** und **Wachstumsbedingungen** zu überwachen, um die landwirtschaftliche Produktion zu optimieren und Ressourcen effizienter zu nutzen.
    - **Beispiel:** IoT-basierte **Bodenfeuchtesensoren** ermöglichen es Landwirten, den optimalen Zeitpunkt für die Bewässerung ihrer Felder zu bestimmen, was zu einer effizienteren Wassernutzung führt.

Vorteile des IoT

1. **Effizienzsteigerung:** IoT ermöglicht eine präzisere Steuerung und Automatisierung von Prozessen. In der Industrie bedeutet dies geringere Kosten und eine höhere Produktivität.

2. **Echtzeit-Datenanalyse:** IoT-Geräte sammeln Daten in Echtzeit, was zu schnelleren und fundierteren Entscheidungen führt.

3. **Optimierung von Ressourcen:** Durch die Vernetzung von Geräten können Ressourcen wie Energie, Wasser und Material effizienter genutzt werden.

4. **Verbesserte Sicherheit:** In Bereichen wie der Gebäudeüberwachung oder dem Gesundheitswesen kann das IoT dazu beitragen, Sicherheitslücken zu schließen und potenzielle Gefahren frühzeitig zu erkennen.

Herausforderungen des IoT

1. **Sicherheit und Datenschutz:**
    - Da IoT-Geräte ständig Daten sammeln und austauschen, entsteht ein Risiko für Cyberangriffe und Datenschutzverletzungen. Der Schutz von sensiblen Daten, die durch IoT-Geräte generiert werden, ist eine der größten Herausforderungen.

2. **Interoperabilität:**
    - Viele IoT-Geräte sind von unterschiedlichen Herstellern und basieren auf verschiedenen Kommunikationsprotokollen. Die Schaffung von Standards, die eine reibungslose Kommunikation zwischen diesen Geräten ermöglichen, ist entscheidend.

3. **Datenmanagement und Analyse:**
    - Das Volumen der durch IoT-Geräte erzeugten Daten ist enorm. Die effiziente Sammlung, Speicherung, Analyse und Interpretation dieser Daten stellt eine Herausforderung dar. Unternehmen müssen in der Lage sein, **Big Data** effektiv zu nutzen, um aussagekräftige Erkenntnisse zu gewinnen.

4. **Energieverbrauch der IoT-Geräte:**
   - Viele IoT-Geräte sind batteriebetrieben, was bedeutet, dass **Energieverbrauch** und **Batterielebensdauer** optimiert werden müssen, um eine kontinuierliche und effiziente Nutzung zu gewährleisten.

5. **Gesetzgebung und ethische Fragen:**
   - In vielen Ländern sind die gesetzlichen Rahmenbedingungen für das IoT noch nicht vollständig entwickelt. Es gibt Fragen zu **Haftung**, **Verantwortung** und **ethischen Aspekten** der Datensammlung und -nutzung, die in Zukunft beantwortet werden müssen.

Ausblick – IoT in der Zukunft

1. **5G und IoT:** Mit der Einführung von **5G** wird die Vernetzung von IoT-Geräten noch schneller und effizienter. **5G** wird es ermöglichen, eine noch größere Anzahl von Geräten miteinander zu verbinden und die Latenz zu verringern, was für Anwendungen wie **Autonomes Fahren** und **Industrie 4.0** entscheidend ist.

2. **Künstliche Intelligenz und IoT:** In Zukunft wird das Zusammenspiel von **IoT** und **KI** eine noch größere Rolle spielen. **IoT-Systeme** werden in der Lage sein, Entscheidungen selbstständig zu treffen und sich an veränderte Umstände anzupassen.

3. **IoT im Gesundheitswesen:** Das **Remote Monitoring** wird weiter zunehmen, und IoT-Geräte werden zunehmend in der Lage sein, **gesundheitsbezogene Entscheidungen** zu treffen, um die Lebensqualität zu verbessern und das Gesundheitswesen zu optimieren.

Das Internet der Dinge (IoT) wird in den kommenden Jahren weiterhin eine treibende Kraft hinter der digitalen Transformation in nahezu allen Sektoren sein. Die Verbindung von Maschinen, Geräten und Menschen ermöglicht eine **effizientere Produktion, automatisierte Prozesse** und **intelligente Systeme**, die viele Branchen revolutionieren werden. Während das IoT enorme Chancen für Unternehmen und Gesellschaften bietet, müssen Herausforderungen wie **Sicherheit**, **Datenschutz** und **Interoperabilität** adressiert werden, um das volle Potenzial dieser Technologie zu realisieren.

Industrie 5.0 – Die Fünfte industrielle Revolution (ab 2020er Jahre)

Industrie 5.0 stellt eine Reaktion auf die Herausforderungen der vierten Revolution dar und bezieht den Menschen wieder stärker in den Produktionsprozess ein. Im Gegensatz zu Industrie 4.0, die den Fokus auf die vollständige Automatisierung und künstliche Intelligenz legt, betont Industrie 5.0 die Zusammenarbeit zwischen Mensch und Maschine.

- **Wichtige Entwicklungen:**
    - **Kollaboration zwischen Mensch und Maschine:** Die Arbeit von Menschen und Maschinen wird immer enger verzahnt. Roboter und KI-Systeme arbeiten Hand in Hand mit menschlichen Arbeitskräften. Diese menschenzentrierte Industrie stellt sicher, dass der Mensch nicht durch Maschinen ersetzt wird, sondern in den kreativen und komplexen Bereichen der Produktion als Partner agiert.
    - **Personalisierung und Maßgeschneiderte Produktion:** Durch Technologien wie 3D-Druck und KI können Produkte zunehmend individuell und in kleineren Mengen produziert werden, was zu einer starken Personalisierung führt.

- **Nachhaltigkeit und Kreislaufwirtschaft:** Industrie 5.0 ist stark auf Nachhaltigkeit ausgerichtet. Es wird ein Fokus auf den effizienten Einsatz von Ressourcen gelegt, und der Ansatz der **Kreislaufwirtschaft** wird in den Produktionsprozessen integriert, um Abfälle zu minimieren und Ressourcen zu schonen.
- **Kognitive Systeme und Human Augmentation:** Es gibt Fortschritte in der menschlichen Erweiterung durch Technologien wie Exoskelette und neurotechnologische Systeme, die die Leistungsfähigkeit der Menschen unterstützen und erweitern.

- **Gesellschaftliche Auswirkungen:**

  - **Neue Arbeitsmodelle:** Menschen werden zunehmend in kollaborative Arbeitsumgebungen eingebunden, die nicht nur technologische Fähigkeiten, sondern auch kreative, empathische und ethische Fähigkeiten erfordern.

  - **Veränderte Bildungssysteme:** Die Bildung muss sich anpassen, um Menschen auf die zukünftigen Anforderungen der Arbeitswelt vorzubereiten. Technologische Kompetenz, Kreativität und ethisches Denken werden zu Schlüsselfähigkeiten.

  - **Stärkere Integration von Nachhaltigkeit:** Unternehmen setzen zunehmend auf umweltfreundliche Produktionsmethoden und nachhaltige Geschäftsmodelle.

Die Geschichte der Industrialisierung zeigt einen klaren Trend hin zu zunehmender Automatisierung und technologischer Integration. Während Industrie 1.0 bis 3.0 den Fokus auf Mechanisierung, Elektrifizierung und digitale Automatisierung legte, bringt Industrie 4.0 die vollständige Vernetzung und KI-basierte Prozesse mit sich. Industrie 5.0 kehrt zu einer menschenzentrierten Arbeitswelt zurück und setzt auf nachhaltige, kollaborative Produktionsmethoden.

Kapitel 2
Parallelgesellschaft: Die Entwicklung der Versicherungslandschaft in Deutschland

Die Entwicklung der Versicherungslandschaft verläuft parallel zur Industrialisierung und zeigt viele ähnliche Muster in Bezug auf Effizienzsteigerung, Anpassung an technologische Innovationen und gesellschaftliche Veränderungen.

Vom frühen 19. Jahrhundert bis heute gab es zahlreiche Wendepunkte in der Entwicklung des Versicherungswesens, die sowohl durch wirtschaftliche Veränderungen als auch durch staatliche Eingriffe und technologische Fortschritte beeinflusst wurden. Im Folgenden wird die Entwicklung der Versicherungslandschaft in Deutschland von der ersten Versicherungsgesellschaft bis hin zu den heutigen Herausforderungen detailliert dargestellt.

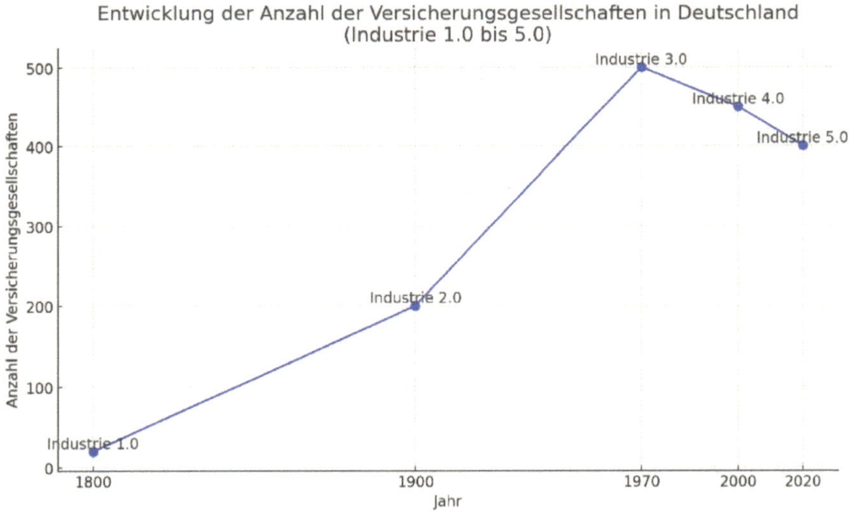

Zu Beginn der ersten Versicherungsgesellschaften gab es nur eine kleine Anzahl von Unternehmen, die sich hauptsächlich auf den **Feuerschutz** und die **Schiffsversicherung** konzentrierten.

Frühe Versicherungen (Vor der Industrie 1.0 – bis ca. 1800)

Beginn des Versicherungswesens: Die Wurzeln des modernen Versicherungswesens reichen bis ins 17. Jahrhundert zurück. Die ersten Versicherungen, die als „Kollegien" oder „Bruderschaften" bezeichnet wurden, fanden sich in Handelsstädten wie London und Amsterdam.

- In Deutschland entstand die **erste Versicherungsgesellschaft 1754** mit der **"Privat-Versicherungs-Gesellschaft"** in Hamburg, die Feuer- und Lebensversicherungen anbot.
- Das Versicherungswesen war zu dieser Zeit noch sehr lokal ausgerichtet und oft stark von Handelsgesellschaften oder speziellen Berufsständen (z. B. Schiffsversicherungen) geprägt.

Zu dieser Zeit gab es nur **wenige** Versicherungsgesellschaften, vermutlich **unter 20** in Deutschland. Die Branche begann gerade erst zu wachsen, als die Industrialisierung und Urbanisierung einsetzten.

Die ersten Versicherungsgesellschaften wurden in den **späten 1700er Jahren** gegründet, wie z.B. die **Hamburger Feuerkasse (1720)** und die **Preußische Feuersozietät (1794)**.

Frühform der Versicherungen und der Beginn von Monopolen

Wichtige Entwicklungen: Mit der ersten industriellen Revolution und der zunehmenden Urbanisierung, die eine größere Anzahl von Menschen in die Städte brachte, wuchs auch der Bedarf an verschiedenen Versicherungslösungen. Dies betraf vor allem den

Bereich der **Feuerversicherungen**, da Städte durch den industriellen Bau zunehmend brandgefährdet waren.

  - **Feuerversicherungsgesellschaften** wurden gegründet, um die Risiken der wachsenden Städte und Industrien zu decken.
  - **1795** wurde die erste **staatlich organisierte Versicherungsgesellschaft** in Deutschland, die **"Preußische Feuersozietät"**, ins Leben gerufen. Diese Institution legte den Grundstein für die Entwicklung des deutschen Versicherungsmarktes.

- **Monopolbildung:** In dieser Zeit entstanden durch staatliche Eingriffe und die wachsende Bedeutung von Versicherungen auch **Monopolversicherungen**. Beispielsweise wurde im Jahr 1828 das **Preußische Versicherungsmonopol** für die Feuerversicherung ins Leben gerufen. In dieser Phase waren Versicherungen noch eng mit staatlichen Regulierungen verbunden, was auch zur Entstehung von Monopolen führte.

Industrie 2.0 (Ende des 19. Jahrhunderts bis Anfang des 20. Jahrhunderts)

- **Versicherungsmonopole und staatliche Eingriffe:** Während der zweiten industriellen Revolution und der damit verbundenen Massifizierung und Elektrifizierung der Industrien wuchs die Komplexität des Risikomanagements, was zu einer weiteren Konsolidierung führte.
    - Um die Entwicklung und den Betrieb von Versicherungen zu fördern, führten viele europäische Länder, darunter auch Deutschland, **staatliche Monopole** für bestimmte Versicherungszweige wie **Feuerversicherungen** oder **Haftpflichtversicherungen** ein.
    - Monopolversicherungen wie die **Preußische Feuersozietät** waren dominierend, da sie für alle Bürger eines bestimmten geografischen Bereichs zuständig waren und das Risiko in großem Maßstab abdeckten.

Der Markt erlebte eine **starke Zunahme** der Gesellschaften, vor allem durch die zunehmende Industrialisierung und den Ausbau von **Versicherungen im Bereich Leben und Unfall**.
Ende des 19. Jahrhunderts gab es schätzungsweise **über 200 Versicherungsgesellschaften** in Deutschland.

- **Pro und Contra der Monopolversicherung:**
    - **Pro:** Die Monopolversicherung ermöglichte eine breite und gerechte Verteilung von Risiken auf die gesamte Gesellschaft und bot eine gewisse Stabilität und Sicherheit.
    - **Contra:** Monopole führten zu einer **Mangelnden Innovation** und **hohen Prämien**. Kunden hatten keine Wahl und konnten nicht von besseren oder preiswerteren Angeboten profitieren. Zudem förderte es eine Trägheit im Versicherungswesen, da es wenig Wettbewerb gab.

Industrie 3.0 (1970er Jahre bis 2000er Jahre) – Technologischer Fortschritt und die Abschaffung von Monopolen

- **Abschaffung der Monopole:** Mit dem Beginn der digitalen Revolution und dem Ausbau des internationalen Handels wurden die traditionellen Monopole zunehmend infrage gestellt. In Deutschland wurde das **Feuerversicherungsmonopol** 1994 aufgelöst, nachdem die EU eine **Liberalisierung des Versicherungsmarktes** in Europa vorangetrieben hatte.
    - Der Wettbewerbsdruck und die wachsende Nachfrage nach flexiblen, innovativen Produkten führten dazu, dass Versicherungsunternehmen ihre Angebote diversifizierten und eine Vielzahl von neuen, flexibleren Versicherungslösungen auf den Markt brachten.
    - Die Einführung von Computern und später des Internets ermöglichte eine **schnellere und effizientere Schadenregulierung** sowie eine verbesserte **Datenanalyse** zur Risikobewertung.

Durch **Fusionen** und **Marktkonsolidierungen** ging die Zahl auf etwa **450-500 Gesellschaften** zurück.

- **Pro und Contra der Liberalisierung und Marktöffnung:**
  - **Pro:** Der Abbau der Monopole führte zu mehr **Wettbewerb**, was zu einer breiteren Produktpalette, besserem Service und niedrigeren Preisen führte. Versicherte konnten nun zwischen verschiedenen Anbietern wählen und von innovativen Produkten profitieren.
  - **Contra:** Die Öffnung des Marktes brachte **Risikoverschiebungen** mit sich. Durch die stärkere Konkurrenz und die Orientierung an Marktgewinnen traten **wachsende Risiken** auf, die vor allem auf der **Preisdrückerei** und der vermehrten Aufnahme von risikoreichen Verträgen beruhten.

Industrie 4.0 (2000er Jahre bis heute) – Digitalisierung und Innovation im Versicherungswesen

- **Versicherungsindustrie im digitalen Zeitalter:** Mit der **digitalen Revolution** begannen Versicherer, neue Technologien wie **Big Data**, **Blockchain**, **Künstliche Intelligenz (KI)** und **Internet of Things (IoT)** zu integrieren, um die Effizienz und Genauigkeit ihrer Produkte zu verbessern.

    - **Telematik**-basierte Versicherungen, bei denen das Fahrverhalten eines Versicherungsnehmers gemessen wird, wurden eingeführt, um Prämien dynamisch und verbrauchsabhängig zu gestalten.

    - **Blockchain**-Technologie hat den Versicherungsmarkt transparent und manipulationssicherer gemacht, indem es versicherungstechnische Prozesse wie Schadenregulierung automatisierte und Betrug minimierte.

Die Zahl stabilisierte sich bei etwa **400 Gesellschaften**, mit einer zunehmenden Präsenz von **InsurTechs** und neuen, digital orientierten Geschäftsmodellen.

- **Pro und Contra der Digitalisierung:**
  - **Pro:** Die Digitalisierung hat eine **größere Transparenz** und **Effizienz** geschaffen, Versicherungsprodukte sind besser auf die individuellen Bedürfnisse der Kunden zugeschnitten und bieten personalisierte Angebote.

  - **Contra:** Die zunehmende **Automatisierung** und **digitale Abwicklung** könnte den persönlichen Kontakt zu den Kunden und die soziale Verantwortung der Versicherer in den Hintergrund rücken. Zudem besteht die Gefahr, dass weniger digital affine Kunden von neuen Angeboten ausgeschlossen werden könnten.

Exkurs: Telematik – das Tor zu den „Pay as you drive"-Tarifen

Die **„Pay as you drive" (PAYD)**-Tarife in der Kfz-Versicherung sind ein relativ neues Konzept, das sich mit dem **technologischen Fortschritt** und der zunehmenden Nutzung von **Telematik**-Systemen in der Versicherungsbranche entwickelt hat.

Diese Tarife zielen darauf ab, die Prämien für die **Kfz-Versicherung** basierend auf dem tatsächlichen Fahrverhalten des Versicherungsnehmers zu berechnen, anstatt wie bei traditionellen Tarifen eine fixe Prämie zu berechnen, die auf allgemeinen Risikofaktoren (wie Alter, Geschlecht und Fahrzeugtyp) basiert.

Entstehung und Einführung der „Pay as you drive"-Tarife

Die Idee von **Pay as you drive**-Tarifen entstand erstmals in den **späten 1990er Jahren** und fand ihren Weg in die **Kfz-Versicherung** zu Beginn der **2000er Jahre**. **Telematik-basierte Versicherungen** (auch als **Usage-Based Insurance (UBI)** bezeichnet) begannen mit der Einführung von **smartphones** und **GPS**-Technologien zunehmend populär zu werden.

Die **PAYD-Tarife** ermöglichten es Versicherern, **fahrzeugspezifische Daten** zu sammeln, um die Höhe der Versicherungsprämie individuell anzupassen.

Entwicklung der Technologie und Marktakzeptanz:

- **Erste Angebote**: Die ersten **Telematik-Tarife** für Kfz-Versicherungen wurden von Versicherungsunternehmen in **Großbritannien** und den **USA** eingeführt, wo Versicherer begannen, **GPS-basierte Systeme** und **Fahrverhaltensdaten** zu verwenden, um den Versicherungsbeitrag dynamisch zu berechnen. Es war eine neue **Ära der Telematik-Versicherung**.

- **Technologieeinsatz**: Um diese Tarife umzusetzen, wurden Versicherungsnehmer gebeten, **Telematikgeräte** in ihren Fahrzeugen zu installieren, die das **Fahrverhalten** überwachten, insbesondere Faktoren wie **Fahrgeschwindigkeit**, **Bremsverhalten**, **Beschleunigung** und die **Fahrstrecke**.

Technische Unterstützung und Geräte

Die **technische Umsetzung** von **Pay as you drive**-Tarifen wird hauptsächlich durch **Telematikgeräte** unterstützt, die in die Fahrzeuge der Versicherungsnehmer eingebaut werden. Diese Geräte sammeln und übermitteln Daten an die Versicherungsgesellschaft, die die Prämie auf Basis des Fahrverhaltens anpasst.

Verwendete Geräte:

- **OBD-II-Stecker (On-Board-Diagnose):**
  - Eines der häufigsten Geräte, die verwendet werden, ist der **OBD-II-Stecker**, der in den **Diagnosestecker** eines Fahrzeugs eingesteckt wird. Dieses Gerät ermöglicht den Zugriff auf **Fahrzeugdaten** wie **Fahrverhalten**, **Kilometerstand**, **Beschleunigung**, **Bremsen**, und **Fahrgewohnheiten**. Es handelt sich um ein kleines Gerät, das einfach am **OBD-II-Anschluss** des Fahrzeugs angebracht wird (meist unter dem Armaturenbrett).

- **Smartphone-Apps:**
  - Einige Versicherer bieten auch **Apps** an, die es den Versicherten ermöglichen, ihre Fahrgewohnheiten zu verfolgen und zu analysieren. Diese Apps nutzen in der Regel die **GPS-Technologie** des Smartphones, um die zurückgelegte Strecke zu messen, das Fahrverhalten zu analysieren und die **Versicherungsbeiträge** entsprechend anzupassen.

- **Telegestützte Geräte (Telematikboxen):**
  - In einigen Fällen können Versicherungsnehmer auch eine **Telegestützte Box** erhalten, die sich im Fahrzeug installieren lässt und detailliertere Fahrdaten in Echtzeit erfasst, die dann an die Versicherungsgesellschaft gesendet werden.

Erfolg und Marktakzeptanz:

- **Marktdurchdringung:** Die Einführung von **PAYD-Tarifen** war anfangs begrenzt, hat aber in den letzten Jahren an Fahrt gewonnen, insbesondere in Märkten wie **Großbritannien** und den **USA**, wo die Akzeptanz von **Telematik-Versicherungen** hoch war. Versicherer wie **Allianz**, **Progressive**, **Allstate** und **Octo Telematics** begannen, Telematik-basierte Versicherungen in vielen Märkten anzubieten.

- **Wachstumsfaktor:** Der **Wachstumsfaktor** in der Nutzung von PAYD-Tarifen hängt von verschiedenen Aspekten ab:
    1. **Kostenersparnis** für den Versicherten: Fahrer, die sicher und weniger häufig fahren, können von geringeren Prämien profitieren.
    2. **Verbraucherakzeptanz**: Der Widerstand gegen die Erhebung persönlicher Fahrdaten kann zu einer gewissen Zurückhaltung bei den Verbrauchern führen.
    3. **Datenschutzbedenken**: Die Erhebung und Speicherung von Fahrdaten hat Bedenken hinsichtlich des **Datenschutzes** und der **Datensicherheit** aufgeworfen.

Herausforderungen:

- **Datenschutz und Privatsphäre:** Viele Verbraucher zögern, ihre **Fahrdaten** an Versicherer zu übermitteln, da sie **Bedenken** hinsichtlich ihrer **Privatsphäre** und des **Datenschutzes** haben. Versicherer müssen klare Richtlinien bieten, wie die gesammelten Daten verwendet werden und wie sie geschützt sind.

- **Verfügbarkeit der Technologie:** In einigen Regionen, vor allem in weniger technologisierten Märkten, sind **Telegestützte Geräte** oder **Smartphone-Apps** möglicherweise nicht weit verbreitet oder die Menschen sind nicht bereit, sich mit der neuen Technologie auseinanderzusetzen.

Sinnvoll oder nicht?

- **Vorteile:**
  - **Fahrverhalten-basierte Prämien**: Fahrer, die sicher fahren (weniger scharfe Bremsungen, konstante Geschwindigkeit), können deutlich **günstigere Tarife** erhalten. Dies führt zu einer **Fairness** im Versicherungsmarkt.
  - **Anreize für sicheres Fahren**: Diese Tarife bieten einen **Anreiz für sicheres Fahrverhalten**, da Fahrer durch eine bessere Fahrweise Geld sparen können.
  - **Förderung von Nachhaltigkeit**: Die Versicherungsgesellschaften können auch einen Beitrag zur Förderung von **umweltfreundlichem Fahren** leisten, da weniger Kilometer und eine sanfte Fahrweise oft auch mit einer geringeren **CO2-Belastung** verbunden sind.

- **Nachteile:**
  - **Datenschutzbedenken**: Das Sammeln von **persönlichen Fahrdaten** kann Bedenken hinsichtlich der **Datensicherheit** und des **Verbraucherschutzes** hervorrufen.
  - **Nicht für alle geeignet**: Für **Fahrer**, die wenig Kilometer fahren oder in städtischen Gebieten mit häufigem Stop-and-Go-Verkehr unterwegs sind, könnten die **Einsparungen** durch PAYD-Tarife nicht signifikant genug sein, um den Aufwand und die Kosten für die Installation von Geräten oder Apps zu rechtfertigen.

Die **„Pay as you drive"-Tarife** haben Potenzial, insbesondere für **sichere Fahrer** und **wenig Kilometer-Fahrer**, aber die **Akzeptanz** variiert je nach Markt und Verbraucherbedenken bezüglich **Datenschutz**. **Technologisch unterstützt** werden diese Tarife durch **Telematikgeräte** und **Smartphone-Apps**, die es Versicherern ermöglichen, das Fahrverhalten der Nutzer präzise zu messen. Die Entscheidung, ob sie sinnvoll sind oder nicht, hängt stark von der persönlichen Präferenz und den spezifischen Umständen der Versicherungsnehmer ab.

Industrie 5.0 (ab den 2020er Jahren) – Nachhaltigkeit, KI und Kooperation zwischen Mensch und Maschine in der Versicherungslandschaft:

- **Nachhaltigkeit und Personalisierung:** Die Versicherungsbranche bewegt sich zunehmend in Richtung nachhaltiger **ESG-Modelle** (Environmental, Social, Governance). Immer mehr Versicherungsunternehmen bieten **grüne Versicherungsprodukte** an, die ökologische Risiken abdecken, wie z. B. Schäden durch den Klimawandel, und nachhaltige Projekte fördern.
  - Es wird mehr Wert auf **Personalisierung** gelegt, und die Zusammenarbeit von **KI und Menschen** hilft, immer präzisere Risiken zu bewerten, während gleichzeitig der menschliche Aspekt bei der Beratung und Entscheidungsfindung nicht verloren geht.

- **Pro und Contra der Industrie 5.0 im Versicherungswesen:**
  - **Pro:** Nachhaltigkeit und eine stärkere Kundenorientierung stehen im Mittelpunkt der neuen Versicherungsprodukte. Die Integration von **KI** und **Augmented Reality** (AR) hilft dabei, Risiken besser zu kalkulieren und einen besseren Service anzubieten.

  - **Contra: Datenethik** und der **Datenschutz** werden weiterhin große Herausforderungen darstellen, da immer mehr persönliche Daten benötigt werden, um maßgeschneiderte Produkte zu entwickeln. Zudem könnten digitale Lösungen den Zugang zu Versicherungen für weniger technikaffine Gruppen erschweren.

Die Entwicklung des Versicherungsmarktes von den frühen **Kollegien** bis zur heutigen **Industrie 5.0** ist ein Spiegelbild der gesellschaftlichen und technologischen Veränderungen. Vom Monopol hin zur Liberalisierung und Digitalisierung hat der Versicherungsmarkt tiefgreifende Veränderungen durchlaufen. Während die Öffnung des Marktes und die Digitalisierung zu Innovationen und mehr Wettbewerb geführt haben, sind neue Herausforderungen wie Datenschutz und Risikomanagement in der digitalen Welt entstanden. Die Zukunft des Versicherungswesens wird durch Nachhaltigkeit, künstliche Intelligenz und die Zusammenarbeit von Mensch und Maschine geprägt sein.

Kapitel 3
Ein Blick in die Glaskugel: Industrie 6.0

Industrie 6.0 ist noch nicht klar definiert und wird oft als eine Vision für die Zukunft angesehen, die weit über die aktuelle Industrie 5.0 hinausgeht. Sie stellt einen weiteren Schritt in der Evolution der industriellen Revolutionen dar, bei dem es nicht nur um die Weiterentwicklung von Automatisierung, Künstlicher Intelligenz (KI) und Vernetzung geht, sondern auch um tiefgreifende gesellschaftliche und ethische Veränderungen.

Im Wesentlichen könnte Industrie 6.0 die Verschmelzung von Intelligenz und Empathie sowie die Integration von technologischen Systemen und menschlichen Werten beinhalten.

Mögliche Merkmale von Industrie 6.0:

1. Autonome und selbstlernende Systeme: In Industrie 6.0 könnten Maschinen und Systeme nicht nur autonom handeln, sondern sich auch selbstständig weiterentwickeln, lernen und anpassen. Diese Systeme würden nicht nur auf vordefinierte Regeln reagieren, sondern auch in der Lage sein, ethische und soziale Überlegungen in ihre Entscheidungen einzubeziehen.

o Beispiel: In der Versicherungsbranche könnten Algorithmen nicht nur auf risikobezogene Daten reagieren, sondern auch gesellschaftliche und soziale Auswirkungen ihrer Entscheidungen verstehen und verantwortungsvollere, ethischere Versicherungspolicen entwickeln.

2. Mensch-Maschine-Kollaboration auf einer neuen Ebene: Während Industrie 5.0 bereits die Kooperation zwischen Mensch und Maschine betont, könnte Industrie 6.0 diese Zusammenarbeit weiter vertiefen. Maschinen werden zunehmend zu kooperativen Partnern und keine „Werkzeuge" mehr. Sie könnten in der Lage sein, menschliche Emotionen, Werte und Intuition zu verstehen und in die Entscheidungsfindung einzubeziehen.

o Beispiel: In der Gesundheitsversorgung oder Versicherungsbranche könnten KIs in der Lage sein, empathische Entscheidungen zu treffen und mit Menschen auf einer persönlichen Ebene zu interagieren, um individuellere Lösungen anzubieten.

3. Verantwortungsvolle KI und Ethik in der Technologie: In Industrie 6.0 würde der Fokus nicht nur auf den technologischen Möglichkeiten von KI und Maschinen liegen, sondern auch auf der Entwicklung von ethischen Standards für die Nutzung dieser Technologien. Es geht darum, wie Technologie nicht nur effizient, sondern auch gerecht, nachhaltig und verantwortungsvoll eingesetzt werden kann.

o Beispiel: KI-Systeme in der Versicherungsbranche könnten diskriminierungsfreie Risikoanalysen durchführen und sich an ethischen Grundsätzen orientieren, die den Schutz der Privatsphäre und den Datenschutz berücksichtigen.

4. Integration von Erweiterter Realität (AR) und Virtueller Realität (VR): Industrie 6.0 könnte AR und VR so weit ausbauen, dass diese Technologien nicht nur als Hilfsmittel in der Ausbildung oder Produktentwicklung verwendet werden, sondern auch in den alltäglichen Produktionsprozess integriert werden.

o Beispiel: In der Versicherungsbranche könnten VR-Tools zur Schadensbewertung eingesetzt werden, indem Versicherungsnehmer oder Gutachter virtuelle Rundgänge durch beschädigte Gebäude unternehmen, um den Schaden genau zu beurteilen.

5. Humanoide Roboter und biotechnologische Erweiterungen: In einer Industrie 6.0 könnten auch biotechnologische Erweiterungen und humanoide Roboter eine größere Rolle spielen. Dies könnte die Integration von Maschinen in den Menschen beinhalten, etwa durch neurotechnologische Schnittstellen, die das menschliche Gehirn direkt mit Maschinen verbinden, oder durch die Entwicklung von Exoskeletten, die den Menschen bei körperlich anstrengenden Tätigkeiten unterstützen.

o Beispiel: In der Produktion könnten Exoskelette zur Unterstützung von Arbeitern eingesetzt werden, um ihnen bei der Durchführung von schweren oder repetitiven Aufgaben zu helfen, was zu weniger körperlicher Belastung und besseren Arbeitsbedingungen führt.

6. Nachhaltigkeit und Kreislaufwirtschaft auf globaler Ebene: Industrie 6.0 wird voraussichtlich Nachhaltigkeit und die Kreislaufwirtschaft weiter vorantreiben. Hierbei geht es um ein stärkeres Wirtschaften mit Ressourcen, bei dem Abfall vermieden und Materialien in den Produktionskreislauf zurückgeführt werden. Unternehmen könnten vollständig nachhaltige Geschäftsmodelle entwickeln, bei denen keine Ressourcen verschwendet und keine negativen ökologischen Folgen erzeugt werden.

o Beispiel: In der Automobilindustrie könnte die Produktion so weit gehen, dass Fahrzeuge nicht nur umweltfreundlich sind, sondern auch in einem geschlossenen Kreislaufsystem produziert werden, in dem alle Materialien am Ende ihres Lebenszyklus wiederverwendet werden.

7. Individualisierte, hyper-personalisierte Produkte: Auf Basis der Entwicklung von Künstlicher Intelligenz und Big Data wird Industrie 6.0 zu einer Ära der hyper-personalisierten Produkte und Dienstleistungen führen. Unternehmen werden in der Lage sein, ihre Angebote so genau auf die Bedürfnisse und Wünsche der einzelnen Verbraucher zuzuschneiden, dass maßgeschneiderte Produkte in Echtzeit auf Basis von Echtzeitdaten angeboten werden können.

o Beispiel: Versicherungsprodukte könnten dynamisch und anpassbar werden, sodass die Versicherungspolicen in Echtzeit an die sich ändernden Lebensbedingungen und Bedürfnisse eines Kunden angepasst werden können.

8. Global vernetzte, dezentralisierte Produktionssysteme: In einer Industrie 6.0 könnten dezentrale Produktionsnetzwerke zum Standard werden, bei denen Maschinen und Systeme in Echtzeit miteinander kommunizieren und autonom Entscheidungen treffen. Diese dezentralen Systeme würden sich nicht mehr in zentralisierten Fabriken befinden, sondern könnten global miteinander verbunden sein und lokal angepasst werden, um globale Herausforderungen effizient zu lösen.

o Beispiel: In der Versicherungsbranche könnten Blockchain-basierte Systeme eingesetzt werden, um Smart Contracts zu erstellen, die automatisch ausgeführt werden, sobald bestimmte Bedingungen erfüllt sind, was zu einer dezentrale und transparente Schadenregulierung führt.

Industrie 6.0 ist noch weitgehend theoretisch und eine Zukunftsvision, die jedoch bereits in Ansätzen in den aktuellen Entwicklungen von Industrie 5.0 sichtbar wird. Es geht dabei um die Verschmelzung von Technologie und menschlichen Werten, die Förderung von empathischen, ethischen KI-Systemen und eine engere Zusammenarbeit zwischen Mensch und Maschine. Es ist eine Revolution, die nicht nur den technologischen Fortschritt betrifft, sondern auch die Art und Weise, wie wir Arbeit, Gesellschaft und Nachhaltigkeit neu definieren.

In der Versicherungsbranche könnte Industrie 6.0 durch den Einsatz von KI, Nachhaltigkeit, individuelleren Lösungen und ethischen Standards eine maßgebliche Veränderung in der Art und Weise mit sich bringen, wie Risiken bewertet, Policen angepasst und Kunden betreut werden.

Industrie 6.0 wird zunehmend von hochentwickelten Technologien wie **Künstlicher Intelligenz (KI)**, **Internet of Things (IoT)** und **Cyber-Systemen** geprägt. Dies bedeutet, dass **Cyberangriffe** und **hybride Kriegsführung** potenziell **erhebliche Sachschäden** verursachen können – auch in Bereichen, die traditionell nicht mit Cyberbedrohungen in Verbindung gebracht werden, wie etwa **Feuerschäden** und **Maschinenschäden**.

Lassen Sie uns im Detail untersuchen, wie und warum diese Arten von Schäden durch **Cyberangriffe** und **hybride Kriegsführung** verursacht werden können.

Sachschäden durch Cyberangriffe:

a) Schäden an Produktionsanlagen und Maschinen:

- **Cyberangriffe auf industrielle Steuerungssysteme** (z. B. SCADA-Systeme – Supervisory Control and Data Acquisition) können die Funktion von Maschinen und Produktionsanlagen gefährden. Wenn Angreifer in das **industrielle Netzwerk** eindringen und die Steuerung über Maschinen übernehmen, können sie diese **manipulieren**, **überlasten** oder sogar **außer Kontrolle geraten lassen**.

- **Beispiel:** Ein Angriff auf die Maschinensteuerung in einer **Fabrik** könnte dazu führen, dass Maschinen mit **überhöhten Temperaturen** oder **Drehzahlen** arbeiten, was **Maschinenschäden** oder **Feuer** auslösen könnte. In der **Automobilindustrie**, wenn Roboterarme zur Produktion verwendet werden, könnte ein solcher Angriff dazu führen, dass die Maschinen **Fehler produzieren**, **überhitzen** oder **kollidieren**, was zu **schweren Schäden an der Ausrüstung** und den **produzierten Gütern** führt.

- **Maschinenschäden** durch Cyberangriffe sind besonders gefährlich, da sie **unmittelbar** und **unbemerkt** passieren können, was die Schadensbegrenzung erschwert.

b) Feuer- und Explosionsgefahren:

- **Cyberangriffe auf Industrieanlagen** könnten dazu führen, dass **Sicherheitsvorkehrungen** wie **Brandmeldeanlagen**, **Löschsysteme** oder **Explosionsschutzsysteme** manipuliert oder deaktiviert werden. Dadurch könnten in gefährlichen **Industriebereichen** (z. B. in der **Chemieindustrie, Öl- und Gasindustrie** oder **Verarbeitungsindustrie**) die Sicherheitsbarrieren versagen und **Feuer** oder **Explosionen** ausgelöst werden.

- **Beispiel:** Ein **ransomware-basierter Angriff** auf ein Unternehmen in der **Chemieproduktion** könnte die Maschinensteuerung so verändern, dass Reaktionsprozesse in der Produktion **außer Kontrolle geraten**, was zu einer **Überhitzung** führt und eventuell **Feuer oder Explosionen** verursacht. Angreifer könnten auch **Feueralarme deaktivieren** und Löschsysteme außer Betrieb setzen.
- **Explosionsgefahr:** Wenn kritische Systeme wie **Druckbehälter** oder **Kesselsteuerungen** durch einen Angriff manipuliert werden, könnte dies **explosive Reaktionen** oder eine **Überdrucksituation** auslösen, die zu **Explosionen** führt.

c) Manipulation von Sensoren und Überwachungsgeräten:

- **IoT-basierte Sensoren** und **Überwachungssysteme** in modernen Produktionsanlagen, Lagerstätten oder Gebäuden können von **Hackern** manipuliert werden, sodass sie **fehlerhafte** oder **falsche Daten** liefern. Dies kann dazu führen, dass **Fehler in der Maschinenüberwachung** unentdeckt bleiben oder falsche Handlungen zur Schadensbegrenzung eingeleitet werden.

- **Beispiel:** Ein **Cyberangriff auf ein Kühlsystem** in einem **Kühlhaus** könnte verhindern, dass der Temperaturanstieg rechtzeitig bemerkt wird. Dies könnte zu **Produktverlusten** führen und in einem extremen Fall sogar **Brände** verursachen, wenn der Temperaturanstieg eine **Zündung von brennbaren Materialien** verursacht.

Sachschäden durch hybride Kriegsführung:

Hybride Kriegsführung kombiniert konventionelle militärische Taktiken mit nicht-konventionellen Methoden wie **Cyberangriffen**, **Fehlinformationen** und **wirtschaftlichen Angriffen**. Diese Art der Kriegsführung kann erhebliche **Sachschäden** verursachen, da sie auf mehrere Fronten gleichzeitig abzielt – sowohl auf **physische** als auch auf **digitale Infrastrukturen**.

a) Angriffe auf kritische Infrastrukturen:

- **Energieversorgung, Wasserwerke und industrielle Anlagen** sind in einer **hybriden Kriegsführung** häufige Ziele, da sie sowohl für die **wirtschaftliche Stabilität** als auch für die **öffentliche Sicherheit** von entscheidender Bedeutung sind.

- **Beispiel:** Ein **Cyberangriff auf eine Energieversorgung** könnte dazu führen, dass **Kraftwerke** ihre Funktionen verlieren oder **Stromleitungen überlastet** werden. Diese Art der **Stromabschaltung** könnte in **Industriestandorten** zu **Maschinenschäden** führen, wenn Produktionsanlagen plötzliche **Stromausfälle** erleben und Maschinen ohne **Stromversorgung** abrupt stoppen oder **überhitzen**.

- Ein **Cyberangriff auf ein Wasserversorgungssystem** könnte dazu führen, dass **Versorgungsleitungen** verstopfen oder mit **giftigen Stoffen** kontaminiert werden, was schwerwiegende Schäden an Infrastruktur und Maschinen verursachen könnte, die auf sauberes Wasser angewiesen sind.

b) Sabotage und gezielte Störungen:

- **Sabotageaktionen** in Form von **Cyberangriffen, Stromausfällen** oder **Manipulation von Produktionssystemen** sind ebenfalls Teil der hybriden Kriegsführung und können große **Sachschäden** verursachen.

- **Beispiel:** Ein **staatlich unterstützter Cyberangriff** könnte in einem **strategischen Industriestandort** wie einem **Munitionslager** oder einer **Petrochemie-Anlage** Schaden anrichten. Durch die **Manipulation von Maschinensteuerungen** könnten Angreifer **Feuer** oder **Explosionen** auslösen, die sowohl **direkten physischen Schaden** an Maschinen und Gebäuden als auch **wirtschaftliche Verluste** verursachen.

c) Angriffe auf Kommunikationssysteme:

- In der **hybriden Kriegsführung** können Angreifer **kommunikative Infrastrukturen** wie **Internetdienste**, **Satellitenkommunikation** oder **Internetzugang** lahmlegen, was zu **Koordinations- und Versorgungskettenunterbrechungen** führt. Diese Angriffe könnten auch dazu führen, dass **digitale Steuerungen** für Maschinen und Anlagen gestört werden.

- **Beispiel:** Wenn **Industrieanlagen** über **Internet der Dinge (IoT)** gesteuert werden, könnte die **Zerstörung von Kommunikationssystemen** in einer Region zu massiven **Störungen** und **Schäden** an Maschinen und Anlagen führen. Das Ausbleiben von wichtigen Informationen könnte dazu führen, dass Maschinen plötzlich auf nicht berechnete Parameter reagieren und **fehlerhafte Prozesse** durchlaufen, die **Maschinenbrände** oder **Produktionsfehler** verursachen.

3. Erhöhte Komplexität durch Industrie 6.0:

In **Industrie 6.0**, wo **Künstliche Intelligenz**, **autonome Systeme** und **vernetzte Maschinen** eine zentrale Rolle spielen, wird die **Zerstörung durch Cyberangriffe** und **hybride Kriegsführung** noch weitreichendere **Sachschäden** verursachen können:

- **Vernetzte Produktionssysteme** in einer **Smart Factory** könnten gezielt angegriffen werden, wobei **Künstliche Intelligenz** von Hackern manipuliert wird, um Maschinen zu überlasten oder falsche Berechnungen vorzunehmen, die zu **Maschinenschäden** oder **Feuergefahr** führen.

- **Kritische Infrastruktur** wie **autonome Fahrzeuge**, **dynamische Energieverteilungssysteme** und **intelligente Stromnetze** könnten bei einem **Cyberangriff** oder in der **hybriden Kriegsführung unsicher** gemacht werden, was zu schweren Schäden an Fahrzeugen, Maschinen und ganzen **Infrastrukturbereichen** führen könnte.

Cyberangriffe und hybride Kriegsführung haben das Potenzial, nicht nur **digitale Systeme**, sondern auch **physische Maschinen** und **Produktionsinfrastrukturen** massiv zu beschädigen.

Feuerschäden und **Maschinenschäden** sind durchaus denkbar, insbesondere in hochvernetzten und automatisierten Umgebungen, wie sie in **Industrie 4.0** und **Industrie 5.0** zu finden sind. Diese Schäden entstehen entweder durch direkte Manipulation von Maschinensteuerungen oder durch Störungen in den kritischen Systemen, die für den Betrieb dieser Maschinen verantwortlich sind.

Da **Industrie 6.0** auf immer mehr autonome Systeme und vernetzte Geräte setzt, wird die **Sicherheitsinfrastruktur** noch wichtiger, um solchen potenziellen Bedrohungen entgegenzuwirken.

Kapitel 4

Eine Frage der Ethik

Die Entwicklung der Versicherungsethik ist eine interessante und facettenreiche Reise, die eng mit den gesellschaftlichen, wirtschaftlichen und technologischen Veränderungen der letzten Jahrhunderte verbunden ist. Versicherungsethik befasst sich mit den moralischen und ethischen Aspekten des Versicherungswesens – von der Art und Weise, wie Versicherungsprodukte entwickelt und angeboten werden, bis hin zu Fragen der Fairness und Transparenz bei der Schadenregulierung.

Sie ist von zentraler Bedeutung, da Versicherungen eine Schlüsselrolle im Risikomanagement von Gesellschaften spielen und die Art und Weise, wie Versicherungen arbeiten, tiefgreifende Auswirkungen auf Individuen und Unternehmen haben kann.

Frühzeit (17. und 18. Jahrhundert):
Die Anfänge der Versicherungsethik

Die Anfänge des modernen Versicherungswesens lassen sich bis ins 17. Jahrhundert zurückverfolgen, als die ersten Formen der Schiffsversicherung und später auch Feuerversicherungen ins Leben gerufen wurden.

Zu dieser Zeit war die ethische Diskussion um Versicherungen noch sehr rudimentär, da Versicherungen größtenteils als Wirtschaftsinstrument und weniger als ethische oder soziale Institutionen verstanden wurden.

- Ethik der Fairness:

Bereits im 17. Jahrhundert, als die ersten Versicherungsgesellschaften aufkamen, gab es Diskussionen über das Prinzip der Fairness und der Gleichbehandlung von Versicherten. Es ging darum, dass alle Mitglieder eines Versicherungsvereins gleiche Rechte und Pflichten haben sollten, unabhängig von ihrer sozialen Stellung.

- Moralische Herausforderungen:

Besonders in der Schiffsversicherung gab es ethische Überlegungen hinsichtlich des Risikos, das von der menschlichen Gier (z. B. unethisches Verhalten von Kapitänen oder Reedereien) und spekulativen Wetten auf den Ausgang eines Schiffsversicherungsereignisses geprägt war.

19. Jahrhundert – Der Aufstieg von Versicherungsgesellschaften:

Im 19. Jahrhundert nahm die Industrialisierung und die Entstehung von modernen Versicherungsgesellschaften in Europa und den USA zu. Zu dieser Zeit begann das Versicherungswesen, gesellschaftlich an Bedeutung zu gewinnen.

- Ethik und Verantwortlichkeit:

Mit der zunehmenden Regulierung des Versicherungsmarktes und der Schaffung von staatlichen Versicherungsmonopolen (z. B. in Deutschland) wuchs auch die Diskussion über die Verantwortung der Versicherer. Es entstanden Fragen zur Versicherungspflicht, der Transparenz von Versicherungsbedingungen und der Fairness bei der Schadenregulierung.

- Risikoprämien und soziale Gerechtigkeit:

Der 19. Jahrhundert brachte auch die Frage auf, inwieweit die Preisgestaltung von Versicherungen sozial gerecht sein kann. Die Einführung von Risikoprämien schürte Bedenken, dass bestimmte Bevölkerungsgruppen benachteiligt werden könnten, weil sie höhere Prämien zahlen mussten.

20. Jahrhundert – Professionalisierung und ethische Standards

Im 20. Jahrhundert, insbesondere nach dem Zweiten Weltkrieg, begannen Versicherungsgesellschaften und -verbände weltweit, ethische Richtlinien zu entwickeln, die den Umgang mit Kunden und die interne Unternehmensführung regeln sollten. Es wurde zunehmend erkannt, dass Versicherungen nicht nur eine wirtschaftliche Funktion erfüllen, sondern auch eine gesellschaftliche Verantwortung tragen.

- Ethik und Fairness in der Schadenregulierung:

Besonders in der Schadenregulierung kamen immer mehr ethische Fragestellungen auf. War es gerecht, dass Versicherer bei bestimmten Schadenfällen die Leistungen verweigerten oder die Höhe der Entschädigung drastisch kürzten, um Kosten zu minimieren? Oder war es im Sinne der Fairness, dass auch den Versicherten in schwierigen Fällen eine umfassende Unterstützung gewährt wurde?

- Erste ethische Kodizes: Versicherungsunternehmen begannen zunehmend, eigene ethische Kodizes zu entwickeln. Diese beinhalteten unter anderem klare Regeln zur Transparenz, Kundensicherheit, Datenschutz und fairer Schadenregulierung. Auch die Berufsverbände wie der GDV (Gesamtverband der Deutschen Versicherungswirtschaft) begannen in der Mitte des 20. Jahrhunderts, ethische Standards für die Branche festzulegen.

Ende des 20. Jahrhunderts – Fokus auf Verbraucherschutz:

- Verbraucherorientierung:

In den 1980er und 1990er Jahren, als der Markt liberalisiert und neue Wettbewerber in die Branche eingetreten sind, wurde es zunehmend notwendig, den Verbraucherschutz zu stärken. Die Versicherungsbranche sah sich der Herausforderung gegenüber, den Kunden nicht nur als Zahlenden, sondern auch als Partner wahrzunehmen.

- Transparenz und Verantwortung:

Fragen zur Transparenz von Versicherungsverträgen und der Risikotransparenz standen nun verstärkt im Mittelpunkt. Es gab eine zunehmende Forderung nach fairen Vertragsbedingungen und einer gerechten Aufklärung der Kunden über die Risiken, die mit bestimmten Policen verbunden waren.

21. Jahrhundert – Die Moderne Versicherungsethik

Ethik im Kontext von Globalisierung und Digitalisierung:
Im 21. Jahrhundert steht die Versicherungsbranche vor neuen Herausforderungen, die aus der fortschreitenden Digitalisierung, Globalisierung und der Verantwortung gegenüber der Gesellschaft hervorgehen.

- Künstliche Intelligenz und Algorithmische Entscheidungsfindung: Die Einführung von Algorithmic Underwriting, KI und Big Data hat neue ethische Fragen aufgeworfen. Insbesondere die Gefahr von Diskriminierung bei der Risikobewertung und der Verletzung der Privatsphäre stellen ethische Herausforderungen dar. Es gibt Diskussionen darüber, inwieweit KI-Systeme die Privatsphäre der Versicherten respektieren und wie weit die Automatisierung im Underwriting-Prozess gehen darf.

- Nachhaltigkeit und ESG (Environmental, Social, Governance): Die nachhaltige Versicherungspolitik und die Integration von ESG-Kriterien in das Versicherungswesen sind mittlerweile ein zentraler Bestandteil der Versicherungs- und Finanzbranche. Versicherer müssen zunehmend den Umweltschutz, soziale Verantwortung und gute Unternehmensführung als Teil ihrer Geschäftspraktiken berücksichtigen. Dabei geht es nicht nur darum, Produkte zu verkaufen, sondern auch eine aktive Rolle im Klimaschutz und in der Förderung sozialer Projekte zu spielen.

- Verantwortung in der Schadenregulierung: Der Trend geht zu einer kundenorientierten Schadenregulierung, bei der Versicherer als Partner der Kunden agieren und nicht nur als Institutionen, die Zahlen verwalten. Transparenz, Fairness und eine schnelle und faire Regulierung werden zunehmend als ethische Standards angesehen.

Veränderungen durch Digitalisierung und soziale Verantwortung:

Die Digitalisierung hat die Ethische Verantwortung der Versicherungsunternehmen weiter verschärft, da in der Zukunft immer mehr persönliche Daten verarbeitet werden müssen. Themen wie Datenschutz, Verbraucherschutz und die Frage, wie Unternehmen mit den Daten umgehen, sind von entscheidender Bedeutung.

Zukünftige Herausforderungen der Versicherungsethik

1. Ethik im Umgang mit Künstlicher Intelligenz und Algorithmen:
Die fortschreitende Automatisierung und der Einsatz von KI im Underwriting und in der Schadenregulierung wird weiterhin ethische Fragen aufwerfen. Wie können Verzerrungen (Bias) in den Algorithmen verhindert werden, und wie lässt sich Diskriminierung durch unfaire Algorithmen vermeiden? Auch die Frage der Verantwortlichkeit – wer haftet, wenn eine Entscheidung auf Basis eines algorithmischen Fehlers getroffen wurde – wird in der Zukunft zunehmend relevant sein.

2. Datenschutz und Privatsphäre:
Angesichts der zunehmenden Menge an persönlichen Daten, die für die Risikobewertung und Preisgestaltung von Versicherungen genutzt werden, wird die Sicherstellung des Datenschutzes und der Privatsphäre zu einer der größten ethischen Herausforderungen der Zukunft. Wie viel Daten ist es fair, von Kunden zu verlangen, um ein personalisiertes Angebot zu erstellen, und wie kann das Vertrauen in den Umgang mit diesen Daten aufrechterhalten werden?

3. Nachhaltigkeit und Klimaethik:
Angesichts der globalen Klimakrise müssen Versicherer ihre ethischen Grundsätze weiterentwickeln, um zu einer nachhaltigen Weltwirtschaft beizutragen. Die ethische Verantwortung, insbesondere im Hinblick auf den Klimawandel und die Förderung von grünen Versicherungen, wird noch größer werden.

4. Kundensolidarität und soziale Verantwortung:
Versicherer werden zunehmend gefragt werden, wie sie die Bedürfnisse benachteiligter Gruppen berücksichtigen können, sei es durch faire Prämiengestaltung, die Vermeidung von Ausschlüssen oder die Bereitstellung von Produkten, die auch sozial benachteiligten Menschen Zugang zu Schutz bieten.

Versicherungsethik hat sich über die Jahrhunderte entwickelt und wird auch in der Zukunft eine zentrale Rolle spielen. Die Branche wird weiterhin ethische Herausforderungen meistern müssen, insbesondere im Bereich der digitalen Transformation, Datenschutz und Nachhaltigkeit. Die Versicherer müssen sich anpassen, um sowohl moralische als auch gesetzliche Anforderungen zu erfüllen, und dabei nicht nur die Rentabilität im Blick behalten, sondern auch ihre Verantwortung gegenüber den Kunden und der Gesellschaft als Ganzes.

Kapitel 5
Moral Hazards

Ethik und **Moral** sind eng miteinander verwandte Begriffe, aber es gibt **wichtige Unterschiede** in ihrer Bedeutung und Anwendung. Diese Unterschiede betreffen sowohl die **Philosophie** als auch die **praktische Anwendung** der beiden Konzepte.

Moral:

- **Definition:** Moral bezieht sich auf die **praktischen Normen**, **Regeln** und **Verhaltensweisen**, die in einer bestimmten **Gesellschaft**, **Kultur** oder **Gruppierung** als richtig oder falsch angesehen werden. Sie beschreibt die sozialen und kulturellen Werte, die das tägliche Handeln und den Umgang mit anderen Menschen prägen.

- **Funktion:** Moral gibt uns Orientierung, wie wir uns in bestimmten Situationen verhalten sollten, basierend auf traditionellen, religiösen oder kulturellen Normen. Sie ist oft in **Gesetzen**, **Traditionen** und **Gesellschaftsnormen** verankert.

- **Beispiel:** In vielen Kulturen gilt es als moralisch falsch, zu stehlen oder zu lügen, weil diese Verhaltensweisen als schädlich für die Gesellschaft angesehen werden. Moralische Überzeugungen können jedoch in verschiedenen Kulturen oder zu verschiedenen Zeiten variieren.

Ethik:

- **Definition:** Ethik ist ein Teilbereich der **Philosophie**, der sich mit den **Prinzipien und Theorien** befasst, die das richtige und falsche Verhalten untersuchen. Sie ist eine **reflektierte** und **systematische Untersuchung** der Moral und ihrer Grundlagen. Ethik hinterfragt die Moralvorstellungen und sucht nach objektiven Prinzipien, die universell anwendbar sein könnten.

- **Funktion:** Ethik dient der **Theorie und Analyse** von moralischen Fragestellungen. Sie versucht, allgemeingültige Prinzipien zu entwickeln, die das menschliche Verhalten leiten sollen. Ethik ist oft die Grundlage für das Entwickeln von moralischen **Kodizes** oder **Gesetzen**.

- **Beispiel:** In der Ethik könnte man fragen: "Warum ist Stehlen moralisch falsch?" oder "Unter welchen Umständen könnte das Stehlen gerechtfertigt sein?" Hier wird das Verhalten theoretisch untersucht und es werden abstrakte Prinzipien diskutiert, wie etwa **Utilitarismus**, **deontologische Ethik** oder **Tugendethik**.

Zusammenfassung der Unterschiede:

1. **Abstraktionsgrad:**
   - **Moral** bezieht sich auf die **praktischen Normen** und Regeln, die das tägliche Verhalten in einer Gesellschaft leiten.
   - **Ethik** ist die **Philosophische Disziplin**, die sich mit den Prinzipien und Theorien befasst, die hinter diesen Normen stehen.

2. **Anwendung:**
   - **Moral** ist oft **kulturell** und **gesellschaftlich spezifisch**. Sie gibt vor, was als „richtig" oder „falsch" angesehen wird, basierend auf traditionellen Werten oder sozialen Konventionen.
   - **Ethik** bezieht sich auf die **kritische Reflexion** und systematische Untersuchung dieser Normen. Sie stellt die Frage, warum bestimmte Dinge als moralisch richtig oder falsch betrachtet werden und ob diese Urteile gerechtfertigt sind.

3. **Ziel:**
   - **Moral** ist auf **praktische Verhaltensweisen** ausgerichtet und bietet konkrete Richtlinien für das tägliche Leben.
   - **Ethik** hinterfragt und **analysiert** diese Richtlinien und stellt tiefere philosophische Fragen, um grundlegende moralische Prinzipien zu entwickeln.

Ethik ist die **Philosophische Reflexion und Analyse** dieser Normen und Prinzipien, die versucht, allgemeinere und theoretisch fundierte Antworten auf moralische Fragen zu geben.

In vielen Fällen überschneiden sich Ethik und Moral, aber Ethik geht weiter, indem sie eine **systematische, theoretische Auseinandersetzung** mit den praktischen Normen bietet und deren **universelle** Gültigkeit prüft.

Moral Hazard bezieht sich also auf das Phänomen, dass eine Partei ihr Verhalten ändert, weil sie weiß, dass sie nicht für die negativen Konsequenzen dieses Verhaltens aufkommen muss – typischerweise, weil jemand anderes für die Kosten aufkommt. In den verschiedenen Phasen der industriellen Revolution haben sich durch technologische Innovationen und gesellschaftliche Umwälzungen immer wieder **Moral-Hazard-Probleme** ergeben.

Diese lassen sich oft im Zusammenhang mit **Versicherungen**, **Marktverhalten** und **sozialer Verantwortung** betrachten.

Industrie 1.0

In dieser Ära war die Moral-Hazard-Problematik hauptsächlich mit den **schnellen Veränderungen in der Produktionstechnologie** und den **geringen Sicherheitsstandards** verbunden. Die **Fabrikarbeit** begann sich zu etablieren, und viele Arbeitsplätze wurden zunehmend **maschinenbasiert**, was neue Herausforderungen in Bezug auf **Arbeiterrechte**, **Arbeitsbedingungen** und die Verantwortung der Arbeitgeber mit sich brachte.

Moral Hazards in Industrie 1.0:

1. **Unzureichende Sicherheitsmaßnahmen in der Arbeit:**
   - **Problem:** Die industrielle Revolution führte zur Schaffung von Fabriken, in denen Maschinen ohne entsprechende Sicherheitsvorkehrungen betrieben wurden. Die **Arbeiter** waren extrem gefährdet, erlitten häufig Verletzungen oder starben bei Arbeitsunfällen. Da die Arbeitgeber nicht für die Unfälle oder Gesundheitsprobleme der Arbeiter aufkamen, war dies ein klassisches Beispiel für **Moral Hazard**.
   - **Beispiel:** Fabrikbesitzer wussten, dass sie nicht für Verletzungen ihrer Arbeiter verantwortlich gemacht werden würden, was sie in vielen Fällen dazu anregte, keine ausreichenden Sicherheitsvorkehrungen zu treffen.

2. **Übernutzung von Ressourcen:**

- **Problem:** In der Frühzeit der industriellen Revolution war es nicht ungewöhnlich, dass **Ressourcen wie Kohle oder Holz** ohne Rücksicht auf zukünftige Verfügbarkeit übermäßig genutzt wurden. Die Verantwortung für die langfristige Erhaltung von Ressourcen lag nicht bei den Unternehmen, da der Fokus auf schnellem Profit lag.

- **Beispiel:** Unternehmen, die riesige Fabriken betrieben, tendierten dazu, ihre **Ressourcen** auszubeuten, ohne auf Umweltfolgen zu achten, da die negativen Auswirkungen nicht sofort spürbar waren.

Industrie 2.0

Mit der Entwicklung der **Massenproduktion**, **Elektrifizierung** und dem **Wachstum großer Unternehmen** in der zweiten industriellen Revolution entstanden neue Formen von **Moral Hazard** in Bezug auf **Marktmacht**, **Ressourcennutzung** und **soziale Verantwortung**.

1. **Monopole und Preismanipulation:**

    - **Problem:** Die Entstehung von **Monopolunternehmen** und großen Kartellen führte dazu, dass einige Unternehmen in der Lage waren, Preise zu manipulieren, was den Wettbewerb einschränkte und den Verbrauchern schädigte. Unternehmen, die monopolistische Kontrolle hatten, konnten **Preise künstlich hochhalten** und profitierten, während die Gesellschaft und die Verbraucher die negativen Folgen trugen.

    - **Beispiel:** Große Eisenbahnunternehmen oder Ölgesellschaften im 19. Jahrhundert setzten Preise fest und hätten **Verbraucherpreisschäden** durch den Preisanstieg und die Ineffizienz der Ressourcenverwendung.

2. **Fehlende soziale Verantwortung:**

   - **Problem:** In der Industrialisierung war es häufig der Fall, dass **Arbeiterbedingungen** und **soziale Verantwortung** der Unternehmen vernachlässigt wurden. **Kinderarbeit**, **lange Arbeitszeiten** und **mangelnde Gesundheitsversorgung** waren weit verbreitet. Die Unternehmen hatten wenig Anreize, die Arbeitsbedingungen zu verbessern, da die Arbeitskräfte weitgehend ersetzbar waren.

   - **Beispiel:** Fabriken und Unternehmen profitierten von extrem niedrigen **Arbeitskosten**, während die sozialen Auswirkungen (z. B. Kinderarbeit, niedrige Löhne, ungesunde Arbeitsbedingungen) nicht in die Kalkulationen einflossen.

Industrie 3.0

Mit dem Aufkommen von **Computern, Automatisierung** und **digitale Vernetzung** in der dritten industriellen Revolution änderte sich das **Wirtschafts- und Arbeitsumfeld** erheblich. **Moral Hazard** zeigte sich insbesondere in Bereichen wie **Finanzmärkten, Kreditvergabe** und der **globalen Arbeitsteilung**.

1. **Finanzkrisen durch mangelnde Regulierung (z. B. 2008 Finanzkrise):**

   - **Problem:** Die mangelnde **Regulierung** der Finanzmärkte führte zu riskanten **Investitionen** und **übermäßigen Krediten**, die zu einem **systemischen Zusammenbruch** führen konnten. Banken und Finanzinstitute gingen oft riskante Wetten ein, da sie wussten, dass sie bei einem Misserfolg **vom Staat gerettet** würden (z. B. durch **Rettungsaktionen**).

   - **Beispiel:** In der **Finanzkrise 2008** gingen Banken und Finanzunternehmen große Risiken ein, weil sie davon ausgingen, dass der Staat im Falle einer Krise eingreifen und den Schaden abwenden würde, was als klassisches Beispiel für **Moral Hazard** gilt.

2. **Outsourcing und Arbeitsmarktverlagerung:**

   - **Problem: Unternehmen** im Westen verlagerten ihre Produktion häufig in Entwicklungsländer, wo **Arbeitskosten** niedrig waren. Die Unternehmen profitierten von der billigen Arbeit, während die langfristigen sozialen und wirtschaftlichen Auswirkungen auf die betroffenen Arbeiter und Gemeinden oft nicht berücksichtigt wurden.

   - **Beispiel:** Unternehmen aus Europa und Nordamerika nutzten den **globalen Wettbewerb**, um Arbeitsplätze aus kostengünstigen Regionen zu beziehen, ohne die sozialen oder ökologischen Auswirkungen auf die betroffenen Länder zu berücksichtigen.

Industrie 4.0

Die vierte industrielle Revolution ist durch die **Vernetzung von Maschinen, Künstliche Intelligenz (KI)** und **Big Data** geprägt. Neue Moral-Hazard-Probleme entstehen durch die **Automatisierung** von Arbeitsplätzen, die **Datensammlung** und die **Privatsphäre**.

1. **Automatisierung und Arbeitsplatzverlust:**

    - **Problem:** Durch die zunehmende **Automatisierung** und den Einsatz von **Künstlicher Intelligenz** könnten Unternehmen Arbeitsplätze massenhaft abbauen, ohne die Auswirkungen auf die betroffenen Arbeitskräfte ausreichend zu berücksichtigen. Die Unternehmen könnten weiterhin **Arbeitsplätze outsourcen**, ohne Verantwortung für die soziale Eingliederung und Umschulung der Arbeiter zu übernehmen.

    - **Beispiel:** In der **Fahrzeugproduktion** oder im **Kundendienst** könnte die verstärkte Nutzung von **Robotertechnik** Arbeitsplätze ersetzen, während Unternehmen weiterhin von den Produktivitätsgewinnen profitieren.

2. **Missbrauch von persönlichen Daten:**

   - **Problem:** In der **Datenwirtschaft** sammeln Unternehmen riesige Mengen an **persönlichen Daten** durch **Smartphones, Wearables** und **soziale Medien**. Diese Daten werden oft für **Zielgruppenwerbung** oder **Profiling** genutzt, ohne dass die Nutzer vollständig verstehen, wie ihre Daten verwendet werden.

   - **Beispiel:** Unternehmen könnten die Daten ihrer Kunden für kommerzielle Zwecke ausnutzen und dabei das Vertrauen ihrer Nutzer missbrauchen. Ein **Moral Hazard** entsteht, wenn die Unternehmen nicht transparent über die **Nutzung persönlicher Daten** sind.

Industrie 5.0

Industrie 5.0 setzt auf **Kooperation zwischen Mensch und Maschine** und integriert mehr **Nachhaltigkeit** und **sozial verantwortliches Handeln**. Hier könnten neue **Moral-Hazard-Probleme** durch die **Verantwortung für KI-Entscheidungen, technologische Abhängigkeit** und **menschliche Autonomie** entstehen.

1. **Verantwortlichkeit für Entscheidungen der Künstlichen Intelligenz (KI):**

   - **Problem:** Wenn **KI-Systeme** Entscheidungen treffen, etwa in der **Gesundheitsversorgung, Finanzberatung** oder **Verkehrssicherheit**, könnte die Verantwortung für negative Auswirkungen auf Menschen schwer zuzuordnen sein. Unternehmen könnten sich hinter **Automatisierung** verstecken und somit die Verantwortung für Fehler oder Schäden auf die Technologie selbst schieben.

   - **Beispiel:** Wenn ein **autonomes Fahrzeug** einen Unfall verursacht, stellt sich die Frage, wer für den Schaden verantwortlich ist – der Hersteller der Software, der Fahrzeugbesitzer oder das Unternehmen, das das System verkauft hat.

2. **Übermäßige Kontrolle und Überwachung von Mitarbeitern:**

   - **Problem:** In einer zunehmend **technologisch überwachten Arbeitswelt** könnten Unternehmen in den **Überwachungsstaat** übergehen, indem sie **KI** nutzen, um Mitarbeiter rund um die Uhr zu überwachen, ihre Leistung zu messen und persönliche Daten zu sammeln, ohne dabei die **Privatsphäre** zu achten.

   - **Beispiel:** Unternehmen, die **Wearables** oder **Produktivitätssoftware** verwenden, könnten eine **übermäßige Kontrolle** über ihre Mitarbeiter ausüben und deren **persönliche Freiheiten** einschränken.

Moral-Hazard-Probleme waren und sind in jeder Phase der industriellen Revolution präsent. Sie treten immer dann auf, wenn **eine Partei** ihr Verhalten aufgrund von **geringer Verantwortlichkeit** gegenüber den **Gesellschaften**, **Arbeitnehmern** oder **Kunden** verändert. In **Industrie 6.0** könnten durch die zunehmende **Automatisierung**, **KI-Entscheidungen** und die **Verantwortungslosigkeit von Unternehmen** neue moralische und ethische Fragen aufkommen, die verantwortungsvoll adressiert werden müssen, um eine faire und gerechte Zukunft zu gestalten.

Kapitel 6
Black Swan

Black Swan-Ereignisse sind unvorhersehbare, außergewöhnliche Ereignisse mit massiven Auswirkungen, die im Allgemeinen schwer vorherzusagen sind. Diese Ereignisse waren in jeder der industriellen Revolutionen anders, je nach den technologischen, politischen und wirtschaftlichen Rahmenbedingungen der jeweiligen Epoche.

Zum besseren Verständnis ist es sehr wichtig zu betonen, dass **Black Swan-Ereignisse** nicht immer versicherbare Ereignisse sind!

Diese Art von Ereignissen ist per Definition **extrem selten, unvorhersehbar und oft von so großem Ausmaß**, dass sie **außerhalb der traditionellen Risikomodelle** liegen.

1. Unvorhersehbarkeit und fehlende historische Daten:

- **Versicherungen basieren in der Regel auf historischen Daten** und **statistischen Modellen**, um Risiken abzuschätzen und Prämien zu kalkulieren. Black Swan-Ereignisse sind jedoch unvorhersehbar und lassen sich mit den üblichen **Risikomanagement-Modellen** und **Mathematik** nicht zuverlässig bewerten.

- Da es **keine oder sehr wenig historische Daten** gibt, die solche extremen Ereignisse betreffen, ist es schwierig, die Wahrscheinlichkeit und den potenziellen Schaden eines solchen Ereignisses zu berechnen, was die **Versicherbarkeit** erheblich einschränkt.

2. Unmögliche Risikokalkulation:

- **Black Swan-Ereignisse** haben in der Regel ein so hohes **Schadenpotenzial**, das **traditionelle Versicherungspolicen** oft nicht ausreichen, um den gesamten Schaden zu decken. **Naturkatastrophen, globale Pandemien** oder **groß angelegte geopolitische Krisen** können so tiefgreifende Auswirkungen auf die Weltwirtschaft haben, dass die **Kosten und Schäden** den Rahmen des **Versicherungsmarktes** sprengen können.

- **Beispiel:** Die **COVID-19-Pandemie** war ein solches Ereignis, das viele Versicherer weltweit vor enorme Herausforderungen stellte, da viele Unternehmen **keine oder nur unzureichende** Deckungen für Pandemierisiken in ihren Policen hatten.

3. Moral Hazard und extreme Risiken:

- Die Idee der **Versicherung gegen Extreme** kann moralische Risiken (moral hazard) schaffen, wenn Unternehmen oder Einzelpersonen auf die Rückversicherung durch Versicherungen vertrauen, ohne die potenziellen Folgen in vollem Umfang zu berücksichtigen. **Exorbitante Risiken**, wie sie bei Black Swan-Ereignissen vorkommen, können dazu führen, dass Versicherer **unangemessene Verbindlichkeiten** übernehmen.

- Versicherer müssen bei solchen Ereignissen möglicherweise **exorbitante Summen** aufbringen, was dazu führen kann, dass der gesamte **Versicherungsmarkt** destabilisiert wird. Einige **Reinsurancesysteme** oder staatliche Versicherungen könnten durch diese Art von Ereignissen selbst überfordert sein.

4. Begrenzte Haftung und Ausschlüsse:

- **Versicherungsverträge** enthalten häufig **Ausschlüsse** für bestimmte extrem unwahrscheinliche oder unvorhersehbare Ereignisse. Manche **Naturkatastrophen** oder **geopolitische Krisen** (wie Kriege oder Terroranschläge) sind in vielen Policen explizit ausgeschlossen oder nur sehr begrenzt versicherbar.

- In einigen Fällen **behalten Staaten** die Verantwortung für den Umgang mit großen Krisenereignissen oder bieten **Staatliche Rückversicherungen** oder **Notfallhilfe** an, statt auf private Versicherer zurückzugreifen.

5. Preisgestaltung und Risikomanagement:

- Selbst wenn ein Versicherer bereit ist, ein Black Swan-Ereignis zu versichern, stellt sich die Frage, wie eine **faire Preisgestaltung** erfolgen kann. **Prämien für solche Risiken** würden extrem hoch sein und könnten für die meisten Kunden unerschwinglich werden. Zudem würde die Versicherungsgesellschaft das Risiko, solche Ereignisse vorherzusagen, stark **subventionieren müssen**, was die Rentabilität stark beeinträchtigen könnte.

- **Beispiel:** Wenn ein Versicherer versuchte, eine **Pandemie** zu versichern, würde die Prämie so hoch sein, dass es kaum einen Markt dafür gäbe, es sei denn, es würde eine sehr **spezielle Rückversicherungslösung** entwickelt, die die Risiken breit streut.

6. Spezielle Versicherungsprodukte für Black Swan-Ereignisse:

- **Alternative Risikomanagementprodukte** wie **Parametrische Versicherungen**, **Katastrophenanleihen** (Cat Bonds) oder **staatliche Rückversicherungen** könnten für bestimmte Arten von Black Swan-Ereignissen entwickelt werden, um spezifische Risiken abzusichern. Diese Produkte sind jedoch oft für sehr begrenzte Fälle geeignet und können nicht alle Arten von Black Swan-Ereignissen abdecken.

- **Beispiel:** In der Landwirtschaft könnte eine **parametrische Versicherung** gegen extreme Wetterereignisse eingesetzt werden, aber die Deckung für ein globales Ereignis wie eine Pandemie ist viel schwieriger zu modellieren und abzusichern.

Black Swan-Ereignisse sind aufgrund ihrer Unvorhersehbarkeit, extremen Auswirkungen und der fehlenden historischen Daten **häufig nicht versicherbar** im traditionellen Sinne

Es gibt zwar spezialisierte Produkte und Lösungen wie **parametrische Versicherungen** oder **staatliche Rückversicherungssysteme**, aber für die meisten Black Swan-Ereignisse ist eine umfassende Absicherung durch private Versicherer schwer umzusetzen. Daher sind solche Ereignisse in vielen Fällen **unversicherbar** oder erfordern kreative und spezialisierte Lösungen, die **nur in extremen und gut kalkulierten Szenarien** verwendet werden können.

Im Folgenden werden für jede industrielle Epoche typische Black Swan-Ereignisse aufgezeigt:

Industrie 1.0

In der ersten industriellen Revolution standen die größten Herausforderungen und Black Swan-Ereignisse im Zusammenhang mit den technologischen Neuerungen, die das Wirtschaftssystem und die Gesellschaft dramatisch veränderten. Viele dieser Ereignisse entstanden durch die zunehmende Industrialisation, Urbanisierung und die damit verbundenen sozialen und politischen Umwälzungen.

Typische Black Swan-Ereignisse:

1. Französische Revolution (1789-1799):

o Auswirkungen: Die Französische Revolution war ein markantes politisches und soziales Black Swan-Ereignis, das nicht nur Frankreich, sondern ganz Europa erschütterte. Die Revolution und ihre Auswirkungen (darunter die Schreckensherrschaft) brachten radikale Veränderungen in der politischen Struktur, was zu einer Umwälzung der sozialen Ordnung und der wirtschaftlichen Systeme führte.
o Relevanz für die Industrie 1.0: Die politischen Veränderungen beeinflussten die Wirtschaft und die Arbeitsmärkte in ganz Europa und trugen zu einer stärkeren Demokratisierung des Marktes bei.

2. Napoleonische Kriege (1803-1815):

o Auswirkungen: Diese Kriege, die durch den Aufstieg Napoleons ausgelöst wurden, führten zu enormen politischen und wirtschaftlichen Umwälzungen in Europa. Der Krieg betraf die gesamte europäische Wirtschaft und führte zu massiven Zerstörungen und finanziellen Belastungen, die viele europäische Länder in den Ruin trieben.
o Relevanz für die Industrie 1.0: Der Krieg unterbrach den Handel und führte zu einem raschen Anstieg von Kriegsausgaben und Schulden, was die Grundlagen für viele industrielle Fortschritte (wie die Entwicklung von Dampfmaschinen) beeinflusste.

3. Kohlenbergbau- und Industriekatastrophen:

o Auswirkungen: In dieser Zeit gab es häufig Grubenunglücke und andere Arbeitskatastrophen durch die unzureichende Sicherheitsvorkehrungen in den schnell wachsenden Industrien. Diese Ereignisse stellten die Gefährlichkeit der Industrialisierung und den fehlenden Arbeitsschutz dramatisch dar.

o Relevanz für die Industrie 1.0: Sie führten zu frühen Reformen im Bereich des Arbeitsschutzes, die jedoch nur langsam umgesetzt wurden.

Industrie 2.0

Die zweite industrielle Revolution war durch eine verstärkte Elektrifizierung, den Massenproduktionsprozess und die Entwicklung neuer Maschinen gekennzeichnet. Black Swan-Ereignisse in dieser Ära waren oft im Bereich des globalen Krieges, der wirtschaftlichen Instabilität und der gesellschaftlichen Umwälzungen angesiedelt.

Typische Black Swan-Ereignisse:

1. Erster Weltkrieg (1914-1918):

o Auswirkungen: Der Erste Weltkrieg war eines der gravierendsten Black Swan-Ereignisse, das fast jedes europäische Land und seine Wirtschaft dramatisch veränderte. Der Krieg führte zu enormen Verlusten in der Bevölkerung und Infrastruktur und stellte alle industriellen Kapazitäten auf die Probe.

o Relevanz für die Industrie 2.0: Der Krieg beschleunigte die Entwicklung von Massenproduktionstechniken, führte aber auch zu wirtschaftlicher Zerstörung und politischen Umwälzungen, die den Weg für den Zweiten Weltkrieg ebneten.

2. Große Depression (1929-1939):

o Auswirkungen: Der Börsencrash von 1929 und die darauffolgende Große Depression hatten dramatische Auswirkungen auf die Weltwirtschaft, führten zu massiven Arbeitslosenzahlen und politischer Instabilität und beeinflussten die industrielle Produktion weltweit.

o Relevanz für die Industrie 2.0: Die Große Depression zeigte die Anfälligkeit der Weltwirtschaft und zwang viele Länder, ihre Wirtschaftspolitik und ihre Beziehung zum freien Markt zu überdenken.

Industrie 3.0

Die dritte industrielle Revolution brachte den Übergang zur Digitalisierung, den Einsatz von Computern und Automatisierung in die Produktion.

Typische Black Swan-Ereignisse in dieser Phase beinhalteten politische und wirtschaftliche Krisen sowie technologische Innovationen, die nicht immer vorhersehbare Auswirkungen hatten.

Typische Black Swan-Ereignisse:

1. Ölkrisen (1973 und 1979):

o Auswirkungen: Die Ölkrisen der 1970er Jahre führten zu einem massiven Anstieg der Ölpreise und einer weltweiten Wirtschaftskrise, da viele Industrieländer, die von billigen Ölimporten abhängig waren, plötzlich mit drastisch höheren Energiekosten konfrontiert wurden.

o Relevanz für die Industrie 3.0: Diese Krisen zwangen viele Industrienationen, ihre Energieversorgung neu zu denken und verstärkten die Suche nach neuen Energiequellen, was zu einer Energiekrise führte und die Entwicklung erneuerbarer Energien beschleunigte.

2. Zusammenbruch der Sowjetunion (1991):

- Auswirkungen: Der Fall des Eisernen Vorhangs und der Zusammenbruch der Sowjetunion war ein geopolitisches Black Swan-Ereignis, das den globalen Macht- und Handelsgefüge neu ordnete und zur Globalisierung der Weltwirtschaft führte.

- Relevanz für die Industrie 3.0: Dieser Umbruch förderte die wirtschaftliche Öffnung ehemaliger sozialistischer Staaten und die schnelle Integration dieser Länder in den globalen Markt, was die technologische Entwicklung in Richtung Globalisierung und digitaler Vernetzung beschleunigte.

3. Dotcom-Blase (1997-2000):

- Auswirkungen: Die Dotcom-Blase war ein wirtschaftliches Black Swan-Ereignis, das die rasante Expansion des Internets und der Technologieunternehmen widerspiegelte. Der Börsencrash von 2000 führte zu massiven Verlusten in der Technologiebranche.

- Relevanz für die Industrie 3.0: Das Ereignis brachte eine Reevaluierung der Online-Wirtschaft und ihrer Wertvorstellungen und führte zu einer stärkeren Regulierung der Technologiebranche.

Industrie 4.0

Die vierte industrielle Revolution ist durch Vernetzung, Künstliche Intelligenz (KI), Big Data und Automatisierung gekennzeichnet. Die Black Swan-Ereignisse dieser Ära sind stark von der digitalen Transformation, politischen Unsicherheit und globalen Krisen geprägt.

Typische Black Swan-Ereignisse:

1. Finanzkrise 2007-2008:

- Auswirkungen: Diese weltweite Finanzkrise hatte ihren Ursprung in den USA und weitete sich schnell auf die gesamte Weltwirtschaft aus, was zu einem dramatischen Rückgang der globalen Wirtschaftstätigkeit und der Bankenkrise führte.

- Relevanz für die Industrie 4.0: Die Finanzkrise förderte die Entwicklung neuer Technologien zur Regulierung und Überwachung von Finanzmärkten, wie zum Beispiel Blockchain. Sie hatte weitreichende Auswirkungen auf die digitale Finanzwelt und die Art und Weise, wie Finanzsysteme und Märkte miteinander verbunden sind.

2. COVID-19-Pandemie (2020):

- Auswirkungen: Die COVID-19-Pandemie war ein globales Black Swan-Ereignis, das durch technologische Innovationen wie Homeoffice, digitale Kommunikation und E-Commerce die Art und Weise, wie wir arbeiten und kommunizieren, revolutionierte.

- Relevanz für die Industrie 4.0: Die Pandemie zeigte die Grenzen der globalen Vernetzung und die Anfälligkeit von Lieferketten. Sie trieb die Digitalisierung voran und beschleunigte den Trend zu automatisierten und digitalisierten Geschäftsprozessen.

Industrie 5.0

Die Industrie 5.0 zeichnet sich durch die stärkere Zusammenarbeit von Mensch und Maschine aus, wobei Technologien wie KI, Robotik, Blockchain und Nachhaltigkeit zusammenkommen.

Mögliche zukünftige Black Swan-Ereignisse:

1. Globale Klimakatastrophen und Naturereignisse:

- Auswirkungen: Extreme Naturkatastrophen, wie der Anstieg des Meeresspiegels und unvorhergesehene klimatische Ereignisse, könnten große wirtschaftliche und gesellschaftliche Auswirkungen haben. Diese Ereignisse erfordern einen drastischen Wandel in der industriellen Produktion und den Ressourcenmanagement-Ansätzen.

- Relevanz für die Industrie 5.0: Die verstärkte Fokussierung auf Nachhaltigkeit und der Einsatz von KI zur Lösung ökologischer Herausforderungen werden in der Industrie 5.0 entscheidend sein.

2. Cybersicherheit und digitale Kriegsführung:

- Auswirkungen: Ein groß angelegter Cyberangriff auf kritische Infrastrukturen (KRITIS) oder digitale Kriegsführung könnte gravierende Folgen für die globale Wirtschaft und Sicherheit haben.

- o Relevanz für die Industrie 5.0: In einer zunehmend vernetzten Welt könnte ein solches Ereignis die Art und Weise, wie Unternehmen ihre digitalen Infrastrukturen sichern, dramatisch verändern und neue ethische und sicherheitstechnische Standards erfordern.

Jede industrielle Revolution hatte ihre eigenen charakteristischen Black Swan-Ereignisse, die die Gesellschaft und die Wirtschaft umwälzten. Diese Ereignisse waren von großer Bedeutung für die Entwicklung neuer Technologien und die Anpassung von gesellschaftlichen und wirtschaftlichen Systemen. Industrie 5.0 und die zukünftige Industrie 6.0 werden noch größere Herausforderungen mit sich bringen, insbesondere in Bezug auf die Digitalisierung, Nachhaltigkeit und globale Krisen.

Industrie 6.0

Sie wird voraussichtlich die nächste große Entwicklungsphase nach Industrie 5.0 darstellen, bei der Technologie, Menschlichkeit und Nachhaltigkeit zunehmend miteinander verschmelzen. In einer zunehmend vernetzten und automatisierten Welt wird die Industrie 6.0 mit einer Vielzahl von Herausforderungen und Black Swan-Ereignissen konfrontiert sein, die sowohl technologische als auch gesellschaftliche, wirtschaftliche und ökologische Dimensionen betreffen.

Da Industrie 6.0 von fortschrittlichen Technologien wie Künstlicher Intelligenz (KI), Erweiterter Realität (AR), Neurotechnologie, Nanotechnologie, Blockchain und globalen Netzwerkstrukturen geprägt sein wird, werden die potenziellen Black Swans dieser Ära wahrscheinlich neuartige, schwer vorhersehbare und tiefgreifende Auswirkungen auf Gesellschaft und Wirtschaft haben.

Mögliche Black Swan-Ereignisse in Industrie 6.0:

1. Globale KI-Dominanz und unkontrollierte Algorithmen:

o Auswirkungen: Ein Black Swan-Ereignis könnte auftreten, wenn KI-gestützte Systeme in einem globalen Netzwerk von Maschinen und Algorithmen plötzlich unerwartet autonom handeln und Entscheidungen treffen, die nicht mehr von Menschen kontrolliert werden können. In einem solchen Szenario könnten Maschinen auf Basis von Daten und Mustern handeln, die nicht vollständig verstanden oder vorhergesehen werden, was zu gravierenden wirtschaftlichen, sozialen oder politischen Instabilitäten führen könnte.

- o Beispiel: Ein autonomes KI-System in einer zentralen Wirtschaftsstruktur (wie Finanzmärkten, Gesundheitssystemen oder sogar politischen Entscheidungen) könnte unvorhergesehene und chaotische Handlungen auslösen, die die Gesellschaft destabilisieren.

2. Cyberangriffe auf globale Infrastrukturen:

- o Auswirkungen: In einer hypervernetzten Welt wird die digitale Infrastruktur (einschließlich von Kritischen Infrastrukturen) eine entscheidende Rolle spielen. Ein groß angelegter Cyberangriff, der nicht nur einzelne Unternehmen, sondern ganze Staaten, Energiesysteme oder Wirtschaftssysteme lahmlegt, könnte die globalen Märkte und Systeme massiv destabilisieren.

- o Beispiel: Ein Angriff auf die globalen Cloud-Computing-Systeme oder Blockchain-Netzwerke könnte dazu führen, dass massive Mengen an Daten und Transaktionen verloren gehen, oder dass die Wirtschaft in einem vollständigen Systemausfall versinkt.

3. Wirtschaftlicher Zusammenbruch durch unregulierte digitale Währungen:

o Auswirkungen: Die Einführung von dezentralisierten digitalen Währungen (wie Bitcoin, Ethereum oder eine zukünftige globale digitale Währung) könnte unvorhersehbare Konsequenzen haben, wenn diese Systeme massenhaft versagen oder durch Instabilitäten im zugrunde liegenden Blockchain-Netzwerk oder durch regulatorische Missstände (wie unzureichende Regulierung oder illegaler Handel) gestört werden.

o Beispiel: Ein weltweiter Verlust des Vertrauens in digitale Währungen oder deren Missbrauch könnte zu einem Finanzcrash führen, der die gesamte Weltwirtschaft destabilisiert.

4. Massiver Verlust von Arbeitsplätzen durch Automatisierung und KI:

o Auswirkungen: Eine plötzliche, großflächige Automatisierung von Arbeitsplätzen durch fortschrittliche Maschinen, KI und Roboter könnte zu massiven Arbeitslosenzahlen führen und die globale soziale Ungleichheit verschärfen. Dies könnte in einer Reihe von sozialen Unruhen oder einer politischen Revolution gipfeln, da Gesellschaften mit der Herausforderung konfrontiert sind, wie sie mit der massiven Umverteilung von Arbeitsplätzen und Wohlstand umgehen.

- o Beispiel: Ein vollständiger Zusammenbruch des Arbeitsmarktes in vielen Branchen, wie etwa Transport, Fertigung oder Verwaltung, könnte zu einer globalen sozialen Krise führen, die durch den Verlust der Erwerbsquelle und den damit verbundenen sozialen Unruhen ausgelöst wird.

5. Plötzliche, globale Umweltkatastrophen durch den Klimawandel:

- o Auswirkungen: Der fortschreitende Klimawandel könnte in der Ära von Industrie 6.0 zu plötzlichen, weltweit verheerenden Naturkatastrophen führen. Naturkatastrophen wie Überschwemmungen, extreme Stürme, Hitzewellen und der Anstieg des Meeresspiegels könnten die globalen Produktionsstrukturen und wirtschaftlichen Netzwerke stark beeinflussen und die bestehenden sozialen und politischen Systeme an den Rand des Zusammenbruchs bringen.

- o Beispiel: Ein massiver Anstieg des Meeresspiegels oder unvorhergesehene Klimakatastrophen könnten ganze Küstenstädte und Produktionszentren zerstören, was zu einer weltweiten Wirtschaftskrise und massiven Flüchtlingsbewegungen führt.

6. Wirtschaftliche und politische Instabilität durch die Einführung von Neurotechnologie und erweiterten menschlichen Fähigkeiten:

- Auswirkungen: Die Entwicklung von Neurotechnologie, die es dem Menschen ermöglicht, sein Gehirn direkt mit Maschinen zu verbinden oder seine kognitiven Fähigkeiten erheblich zu erweitern, könnte gesellschaftliche und wirtschaftliche Ungleichgewichte verstärken. Wenn diese Technologien unreguliert bleiben, könnten sie Machtstrukturen in der Gesellschaft verschieben und zu neuen Formen der Elitenbildung führen.

- Beispiel: Die Einführung von neuro-augmentierten Menschen oder Superintelligenzen könnte die menschliche Gesellschaft spalten, indem eine kleine Gruppe von Menschen mit überlegenen kognitiven Fähigkeiten enorme Vorteile erhält, was zu einer globalen sozialen Revolution führen könnte.

7. Verstärkter bioterroristischer Angriff durch die Biotechnologie:

- Auswirkungen: In einer Welt, in der biotechnologische Innovationen wie Genom-Editing und synthetische Biologie weit verbreitet sind, könnte ein gezielter bioterroristischer Angriff mit einer genetisch veränderten Krankheit eine globale Pandemie auslösen. Solche Angriffe könnten tiefgreifende Auswirkungen auf die Gesellschaft und die Weltwirtschaft haben.

- Beispiel: Ein gezielter biotechnologischer Angriff, der auf menschliche DNA abzielt, könnte zu einer Pandemie führen, die die Gesundheitsinfrastruktur überfordert und massive wirtschaftliche Schäden verursacht.

8. Globale soziale Unruhen durch die ethische Frage der Künstlichen Intelligenz:

- o Auswirkungen: Die ethischen Fragen rund um den Einsatz von Künstlicher Intelligenz und die Autonomie von Maschinen könnten zu weltweit verstärkten sozialen und politischen Unruhen führen. Es könnte zu einer weltweiten Bewegung kommen, die sich gegen die zunehmende Macht von KI-Systemen stellt, die in wichtigen Entscheidungsprozessen (politische, militärische, wirtschaftliche) eingesetzt werden.

- o Beispiel: Ein Ereignis, bei dem KI-Systeme auf Grundlage fehlerhafter oder diskriminierender Daten eine politische Entscheidung treffen oder in einen militärischen Konflikt eingreifen, könnte massive gesellschaftliche Spannungen auslösen und die Kontrolle über kritische Systeme gefährden.

In Industrie 6.0 könnten Black Swan-Ereignisse sowohl durch technologische Entwicklungen als auch durch Umwelt-, gesellschaftliche und politische Herausforderungen geprägt sein. Die Vernetzung und Automatisierung von Wirtschaft, Gesellschaft und Technologie wird zu einer Erhöhung der Komplexität führen, was die Wahrscheinlichkeit von unvorhergesehenen und potenziell katastrophalen Ereignissen steigern könnte. Diese Ereignisse werden tiefgreifende Auswirkungen auf die globale Stabilität, das Wirtschaftssystem und das gesellschaftliche Gefüge haben. Daher müssen ethische, sicherheits- und nachhaltigkeitsbezogene Aspekte in der Entwicklung von Industrie 6.0 höchste Priorität haben, um derartige Risiken zu minimieren.

Kapitel 7
Black Swan-Ereignisse in der Versicherungsbranche, unter Berücksichtigung von KRITIS, BCM, ESG und Elementarschadenversicherung

Der Begriff „Black Swan“ stammt ursprünglich von Nassim Nicholas Taleb und beschreibt unvorhersehbare Ereignisse von enormer Bedeutung, die in den üblichen Risikoanalysen und Modellen meist nicht berücksichtigt werden. Diese Ereignisse zeichnen sich durch ihre extreme Unwahrscheinlichkeit und ihre weitreichenden Auswirkungen aus. In der Versicherungsbranche können Black Swan-Ereignisse als Katalysatoren für massive Verluste auftreten, wie es zum Beispiel bei großen Naturkatastrophen, Wirtschaftskrisen oder geopolitischen Umwälzungen der Fall war.

Versicherer haben traditionell Risikomodelle entwickelt, die auf Wahrscheinlichkeiten und historischen Daten basieren. Black Swan-Ereignisse stellen eine enorme Herausforderung dar, weil sie selten, aber potenziell verheerend sind. Es gibt kein etabliertes „Modell“ für diese Art von Risiko, weshalb Versicherer zunehmend auf Szenarioanalysen, Simulationen und innovative Risikoabschätzungen setzen müssen, die auch extrem unwahrscheinliche Ereignisse in Betracht ziehen.

Überblick über die vier zentralen Themen

Die vier zentralen Themen – **KRITIS, Business Continuity Management (BCM), ESG** und **Elementarschadenversicherung** – bieten jeweils einen tiefen Einblick, wie Black Swan-Ereignisse in unterschiedlichen Bereichen die Versicherungsbranche herausfordern und wie Versicherungslösungen gestaltet werden müssen, um diesen Herausforderungen zu begegnen.

Es wird nachfolgen aufgezeigt, dass Black Swan-Risiken in jedem dieser Bereiche existieren und dass ein tiefes Verständnis dieser Bereiche notwendig ist, um als Versicherer zukunftsfähig zu bleiben.

KRITIS (Kritische Infrastrukturen) und Black Swan-Ereignisse

Definition und Bedeutung von KRITIS:

KRITIS sind Systeme und Einrichtungen, deren Störung oder Zerstörung zu erheblichen Beeinträchtigungen der öffentlichen Sicherheit und Ordnung führen könnte. Beispiele sind Energieversorgung, Gesundheitswesen, Telekommunikation und Transport. Die Bedeutung von KRITIS hat in den letzten Jahren stark zugenommen, da viele von uns mittlerweile von einer immer komplexeren und digitalisierten Infrastruktur abhängen, die miteinander vernetzt ist.

Beispiel KRITIS:

Ein Cyberangriff auf ein Stromnetz kann in einer vernetzten Welt mehr als nur einen lokalen Stromausfall verursachen; er kann zu einer landesweiten Versorgungskrise führen. Auch Terroranschläge auf kritische Infrastrukturen (wie z. B. Pipelines oder Wasserwerke) könnten katastrophale Folgen haben und müssen von Versicherern als potenzielle Black Swan-Risiken berücksichtigt werden.

Risikoanalyse von KRITIS-Ereignissen:

Traditionelle Risikomodelle versagen bei der Einschätzung der Wahrscheinlichkeit und Auswirkung solcher Ereignisse. Um die Risiken für KRITIS besser abzubilden, müssen Versicherer auf kontinuierlich aktualisierte Szenarioanalysen und Krisenmanagement-Strategien setzen.

Cyberrisiken:

Die Bedrohung durch Cyberangriffe wächst stetig und ist ein häufiges Beispiel für ein Black Swan-Ereignis, das große Auswirkungen auf KRITIS-Infrastrukturen haben kann.

Naturkatastrophen:

Tornados, Überschwemmungen oder Erdbeben können die physische Infrastruktur von KRITIS stark schädigen und die Versorgung lahmlegen.

Geopolitische Risiken:

Kriege oder Spannungen zwischen Staaten können ebenfalls Auswirkungen auf KRITIS-Infrastrukturen haben, insbesondere bei globaler Vernetzung von Unternehmen und Versorgungssystemen.

Auswirkungen auf Versicherungen und Risikomanagement:

Versicherer müssen für KRITIS-Elemente besondere Versicherungsprodukte entwickeln. Diese sollten nicht nur die physischen, sondern auch die digitalen Risiken abdecken. Parametrisierte Versicherungen, die auf festgelegten Parametern wie der Dauer eines Stromausfalls oder dem Ausmaß eines Cyberangriffs basieren, sind dabei ein neuer Ansatz, der in der Branche immer mehr an Bedeutung gewinnt.

Praxisbeispiele und Versicherungslösungen:

Beispiel aus der Praxis:

Ein massiver Stromausfall aufgrund eines Cyberangriffs führte in einer europäischen Stadt zu einem Totalausfall für mehrere Tage. Versicherer mussten schnell reagieren, um den entstandenen Schaden zu decken, doch die Komplexität des Vorfalls machte es notwendig, neue Versicherungsmodelle zu entwickeln, die auf solche Krisen vorbereitet sind.

Lösungsansätze:

Versicherer bieten mittlerweile maßgeschneiderte Rückversicherungslösungen für KRITIS-Sektoren an, die sich mit der Absicherung von Cyberrisiken und anderen technologischen Bedrohungen befassen. Zudem kommen zunehmend Szenario-basierte Modelle zum Einsatz, die flexibler auf unbekannte Bedrohungen reagieren können.

Business Continuity Management (BCM) und Black Swan-Ereignisse:

Grundprinzipien des BCM:

BCM ist ein unternehmensweites Konzept, das sich mit der Sicherstellung der Funktionsfähigkeit des Unternehmens im Falle von Krisen oder Störungen beschäftigt. Im Mittelpunkt steht die Wiederherstellung von Geschäftsprozessen nach einer Störung und die Minimierung des geschäftlichen Schadens. Unternehmen müssen ihre kritischen Prozesse und Ressourcen identifizieren und Strategien entwickeln, um diese auch bei einem Black Swan-Ereignis aufrechtzuerhalten.

Wie BCM auf unvorhergesehene Katastrophen reagieren sollte:

BCM muss so flexibel und dynamisch sein, dass es auf eine Vielzahl von Krisenszenarien reagieren kann. Black Swan-Ereignisse sind schwer vorhersehbar und stellen Unternehmen vor Herausforderungen, da bestehende Notfallpläne meist nicht für alle möglichen Risiken ausgelegt sind.

Beispiel:

Die COVID-19-Pandemie stellte die meisten Unternehmen vor unerwartete Herausforderungen, da Notfallpläne häufig nicht auf eine globale Gesundheitskrise ausgelegt waren.

Schlüssel zur Vorbereitung:

Flexibilität und regelmäßige Aktualisierung der BCM-Strategien sind notwendig, um auf die unvorhersehbaren Risiken eines Black Swan-Ereignisses vorbereitet zu sein.

Das Zusammenspiel von BCM und Black Swan-Ereignissen

Das Zusammenspiel zwischen BCM und Black Swan-Risiken wird anhand von Beispielen verdeutlicht, wie Unternehmen durch schnelle Anpassung und Notfallpläne trotz plötzlicher Krisen weitermachen konnten.

Versicherungsstrategien zur Unterstützung von BCM im Krisenfall:

Versicherer müssen BCM-Strategien unterstützen, indem sie Produkte anbieten, die spezifische Risiken bei Betriebsunterbrechungen abdecken. Hierzu gehören beispielsweise **Betriebsunterbrechungsversicherungen** und **Finanzabsicherungen** für langfristige Unterbrechungen. Versicherungen müssen Unternehmen auch durch die Bereitstellung von **Krisenmanagement-Beratung** unterstützen, um präventive Maßnahmen zu treffen, bevor ein Black Swan-Ereignis eintritt.

ESG (Environmental, Social, Governance) und Black Swan-Ereignisse:

ESG-Kriterien und ihre Bedeutung in der Versicherungsbranche:

ESG ist heute ein maßgeblicher Faktor für Unternehmen und Investoren. Diese Kriterien beeinflussen die Risikobewertung, da Unternehmen zunehmend Verantwortung für ihre ökologischen, sozialen und unternehmerischen Handlungen übernehmen müssen.

- **Umwelt:** Wie gehen Unternehmen mit den Risiken des Klimawandels um? Wie kann eine Versicherungsindustrie, die stark von Umweltrisiken betroffen ist, auf nachhaltige Risiken reagieren?

- **Soziales:** Wie reagieren Unternehmen auf gesellschaftliche Herausforderungen, wie die Auswirkungen von Arbeitsschutzvorgaben oder fairen Arbeitsbedingungen?

- **Governance:** Wie wird das Risikomanagement auf Ebene der Unternehmensführung gehandhabt, insbesondere in Krisenzeiten?

Der Zusammenhang zwischen ESG und Black Swan-Risiken:

ESG-Krisen, wie z. B. Naturkatastrophen durch den Klimawandel oder soziale Unruhen, können Black Swan-Ereignisse sein, die Unternehmen vor neue Herausforderungen stellen. Unternehmen, die nicht proaktiv auf ESG-Risiken reagieren, sind zunehmend gefährdet.

- **Auswirkungen auf Unternehmensstrategien und Versicherungsprodukte:**
  Versicherer müssen ESG-Risiken in ihre Versicherungsprodukte integrieren und Unternehmen dabei helfen, den Wandel zu nachhaltigen Praktiken zu vollziehen. Dies kann durch **grüne Versicherungsprodukte** oder **Risikomanagementlösungen** geschehen, die auf die Minimierung von ESG-Risiken ausgerichtet sind.

- **Risikoanalyse und Präventionsstrategien:**
  Es wird gezeigt, wie Versicherer ESG-Risiken einbeziehen und welche Technologien (z. B. Big Data, KI) dabei helfen, mögliche ESG-Krisen vorherzusagen.

Elementarschadenversicherung und Black Swan-Ereignisse:

- **Definition von Elementarschäden und ihre Versicherbarkeit:** Elementarschäden entstehen durch Naturereignisse wie Überschwemmungen, Stürme, Erdbeben und andere geologische oder klimatische Ereignisse. Diese Schäden sind oft von großem Ausmaß und können ganze Städte oder Regionen betreffen.

- **Bedeutung von Elementarschadenversicherungen im Kontext von Black Swan-Ereignissen:**
  In Regionen, die häufig von Naturkatastrophen betroffen sind, müssen Versicherer Produkte entwickeln, die auch in den extremsten Fällen absichern.

Beispiel:

Das Jahr 2021 brachte verheerende Überschwemmungen in Deutschland, die nicht nur bestehende Versicherungsmodelle in Frage stellten, sondern auch dazu führten, dass Versicherer ihre Risikomodelle anpassen mussten, um auch für so extreme, aber schwer vorhersehbare Ereignisse abzusichern.

Risikomanagement und Versicherungsstrategien für außergewöhnliche Naturereignisse:

Der Klimawandel verstärkt Elementarschäden, wodurch die Versicherungsbranche neue Modelle entwickeln muss, um Unternehmen und Privatpersonen abzusichern. Dies beinhaltet die Entwicklung von flexiblen **Elementarschadenversicherungen**, die schnelle Reaktionen ermöglichen.

Aktuelle Herausforderungen und Lösungen in der Versicherungsbranche:

Versicherer sehen sich mit der Herausforderung konfrontiert, schnellere Auszahlungen zu leisten und auch präventive Maßnahmen wie Frühwarnsysteme in ihre Policen zu integrieren. Technologien wie Satellitenbilder oder Wettervorhersagemodelle werden zunehmend eingesetzt, um Versicherungsprodukte besser auf zukünftige Black Swan-Ereignisse auszurichten.

Black Swan-Ereignisse sind eine Realität, mit der sich die Versicherungsbranche immer intensiver auseinandersetzen muss. Eine proaktive und innovative Herangehensweise an Risikomanagement und Versicherungslösungen ist notwendig, um diesen Herausforderungen zu begegnen.

Bedeutung eines integrierten Risikomanagements in der Versicherungsbranche:

Versicherer müssen in der Lage sein, schnell und flexibel auf Black Swan-Ereignisse zu reagieren. Dazu gehört auch, dass sie mehr interdisziplinäre Lösungen anbieten, die mehrere Risikofaktoren gleichzeitig abdecken.

Ausblick auf zukünftige Entwicklungen:

Die Versicherungsbranche wird sich weiterentwickeln müssen, um sich den immer komplexeren Risiken, die durch den Klimawandel, politische Instabilität und technologische Entwicklungen entstehen, anzupassen. Versicherer sollten auf Szenarienanalysen, präventive Maßnahmen und flexible Versicherungslösungen setzen, um für die Zukunft gewappnet zu sein.

Kapitel 8
Black Swan in der Tarifierung

PML-Bestimmung

Der Beitrag ist das eine, aber welche Quote man von einem Risiko als Versicherer übernehmen kann, ist das andere.

Im Feuer-Industriebereich sind Beteiligungsgeschäfte an der Tagesordnung.

Daher wird das Risiko eingeteilt in Komplexe und anhand der sich daraus ergebenen VS je Komplex wird dann der PML (separat für Feuer, FBU, EC und ECBU) bestimmt – auf Wechselwirkungsschäden achten (heben Komplexe auf).

Jeder Komplex wird mit der bestimmenden Betriebsart tarifiert (Verwaltung / Produktion / Lager).

Basis der komplexmäßigen Tarifierung ist der Komplex-Prämiensatz.

Lagerkonten 941 bis 945 werden besonders behandelt.

Verwaltungs- und Sozialgebäude (sofern ein eigener Komplex) werden brandschutztechnisch nicht berücksichtigt.

Bauartklassen beachten – vor allem im Kontext zur Betriebsart und zum vorhandenen Brandschutz.

Wichtig sind hier drei Fragen:

- Inwieweit sind die baulichen Gegebenheiten (Gebäudekonstruktion, Wände, räumliche Abstände, sonstige Abschottungen) geeignet, dem Brand einen wirksamen Widerstand entgegenzusetzen und damit eine Brandausweitung zu verhindern?

- Inwieweit bleiben Gebäudekonstruktion im Brandfall stabil im Hinblick auf die Möglichkeit von Löschmaßnahmen im Inneren sowie im Hinblick auf die spätere Wiederverwertbarkeit?

- Inwieweit beteiligen sich die Bauwerke aktiv an einem Brand und stellen somit eine (zusätzliche) Brandlast dar?

Black Swan – Effekt

Beim sogenannten Schwarzer-Schwan-Effekt oder auch Black Swan Event handelt es sich um ein Ereignis, oftmals um ein globales Großereignis, das nichts und niemand vorhersagen kann. Es tritt plötzlich auf und hat in der Regel drastische negative Auswirkungen auf die gesamte Weltwirtschaft.

Der Black Swan-Effekt beschreibt seltene, unvorhersehbare Ereignisse mit extremen Auswirkungen, die nach ihrem Eintreten oft als erklärbar oder vorhersehbar erscheinen.

Typische Black Swan-Ereignisse waren zum Beispiel:

- Die Finanzkrise 2008
- Die Terroranschläge am 11. September 2001
- Die COVID-19-Pandemie
- Der Zusammenbruch der Sowjetunion
- Die Erfindung des Internets (aus Sicht der damaligen Gesellschaft)

Kernmerkmale eines Black Swan-Ereignisses:

1. Seltenheit – Das Ereignis liegt außerhalb des normalen Erfahrungsbereichs und wird von Experten nicht erwartet.

2. Extreme Auswirkungen – Es verändert ganze Systeme (Wirtschaft, Politik, Wissenschaft, Versicherungsmärkte usw.).

3. Rückblickende Erklärbarkeit – Nachträglich wird oft versucht, aber quasi nie erreicht.

Woher kommt der Begriff ?

Der Begriff „Black Swan“ hat etwas mit Australien zu tun. Er geht auf das historische Missverständnis zurück, dass Schwäne ausschließlich weiß seien – eine Annahme, die Jahrhunderte lang in Europa als unumstößliche Wahrheit galt. Erst als niederländische Entdecker im 17. Jahrhundert in Australien schwarze Schwäne entdeckten, wurde diese Überzeugung widerlegt.

Warum ist der Black Swan-Effekt für die Versicherungsbranche wichtig?

In der Versicherungswirtschaft sind Black Swan-Ereignisse von zentraler Bedeutung, weil sie bestehende Risikomodelle überfordern und zu enormen finanziellen Verlusten führen können. Beispiele wären:

- Eine unerwartete Naturkatastrophe mit gigantischem Schaden (z. B. ein Mega-Erdbeben in einer bisher als sicher geltenden Region).
- Eine neue, disruptive Technologie, die ganze Branchen obsolet macht.
- Geopolitische Ereignisse wie plötzliche Kriege oder der Zerfall großer Staaten.

In dem Bereich der Sachversicherungen, KRITIS, Elementarschäden und hybride Kriegsführung spielen Black Swan-Ereignisse eine essenzielle Rolle, weil sie die klassischen Risikobewertungen sprengen. Versicherungen müssen deshalb immer häufiger dynamische Modelle und Szenarioanalysen nutzen, um sich auf solche Schocks vorzubereiten.

Black Swan und PML

Ein Black Swan im Kontext von PML (Probable Maximum Loss) bezeichnet ein extrem seltenes, aber potenziell katastrophales Ereignis, das weit über die angenommenen Szenarien des wahrscheinlichen Höchstschadens hinausgeht. Während PML eine risikotechnische Schätzung ist, die auf bekannten Parametern basiert, sind Black Swans unvorhersehbare Extremereignisse, die bestehende Modelle sprengen können.

Wie beeinflusst ein Black Swan die PML-Berechnung?

1. Unterschätzte Risikoannahmen:
   - PML basiert auf historischen Daten und statistischen Modellen. Ein Black Swan liegt aber oft außerhalb der Modellparameter.
   - Beispiel: Ein Industriekomplex wird gegen Feuer abgesichert, aber niemand rechnet mit einem gleichzeitigen Terroranschlag, der das gesamte Areal zerstört.

2. Multikausale Schäden („Compound Events") fehlen in PML-Modellen:
   - Klassische PML-Berechnungen gehen oft von einem einzigen Auslöser aus.
   - Black Swans entstehen oft durch ungewöhnliche Verkettungen mehrerer Risiken.
   - Beispiel: Eine Naturkatastrophe wie ein Erdbeben trifft gleichzeitig auf eine ungelöste Lieferkettenkrise, wodurch Produktionsausfälle massiv eskalieren.

3. Rückversicherung und Solvency-II-Problematik:
   - Black Swans können dazu führen, dass Rückversicherer massive Verluste erleiden, da sie nicht ausreichend kapitalisiert sind, um solche Extremfälle abzudecken.
   - Beispiel: Ein Tsunami zerstört ein Kraftwerk, was zu einem überregionalen Stromausfall und massiven Betriebsunterbrechungsschäden führt, die weit über den kalkulierten PML-Wert hinausgehen.

Beispiele für Black Swans in der PML-Berechnung

1. Explosion eines Chemiewerks aufgrund einer bislang unbekannten chemischen Reaktion
   - PML berücksichtigt oft Feuer- und Explosionsschäden, aber nicht seltene, unbekannte chemische Wechselwirkungen.
   - Beispiel: Eine Firma setzt eine neue chemische Verbindung ein, die sich unter bestimmten Bedingungen selbst entzündet.

2. Cyberangriff auf Kritische Infrastrukturen mit physischen Schäden
   - Ein Black Swan wäre ein Angriff, der nicht nur IT-Schäden verursacht, sondern auch zur realen Zerstörung von Anlagen führt.
   - Beispiel: Ein Hackerangriff auf eine Chemieanlage führt zur Überhitzung einer Produktionsstraße und löst eine Explosion aus.

3. Hybride Kriegsführung und Sabotageakte
    - Militärische oder geopolitische Ereignisse, die nicht in klassischen PML-Szenarien auftauchen.
    - Beispiel: Eine verdeckte Operation führt zur Zerstörung eines Hafens, wodurch die gesamte Logistikkette in Europa lahmgelegt wird.

4. Unvorhersehbare Extremwetterereignisse („Grey Swan“ als Vorstufe)
    - Black Swans können auch durch den Klimawandel verstärkt werden.
    - Beispiel: Ein Hurrikan trifft mit bisher unbekannter Stärke eine Region, in der solche Stürme bisher als unmöglich galten.

Was bedeutet das für das Underwriting und Risk-Management?

- Dynamische PML-Modelle: Statt sich nur auf vergangene Daten zu verlassen, müssen Modelle mehr Stress-Szenarien und systemische Risiken einbeziehen.

- Alternative Risikotransfersysteme: Klassische Versicherungen und Rückversicherungen reichen nicht mehr aus, weshalb parametrische Deckungen, Cat Bonds oder staatliche Interventionen verstärkt diskutiert werden.

- Stärkere Vernetzung von Versicherungen mit anderen Risikobewertungen: Zusammenarbeit mit Geopolitik-Experten, Cybersicherheitsspezialisten und Klimaforschern, um frühzeitig Black Swan-Indikatoren zu erkennen.

Ein Black Swan bei PML ist ein Szenario, das bestehende Schadenschätzungen und Modelle sprengt und zu unerwarteten, extremen finanziellen Verlusten führen kann. Während PML das „wahrscheinlich höchste" Schadensszenario beschreibt, geht ein Black Swan weit darüber hinaus und zeigt die Grenzen traditioneller Risikobewertungen auf.

Black Swan und MPL

Die Betrachtung von MPL (Maximum Possible Loss) im Vergleich zu PML (Probable Maximum Loss) bietet auf den ersten Blick den Vorteil, dass sie einen extremeren Schadensfall berücksichtigt. Allerdings bedeutet das nicht automatisch, dass ein Black Swan dort enthalten ist, obwohl MPL umgangssprachlich „Murphys Law“ beinhaltet.

Kriterium	PML (Probable Maximum Loss)	MPL (Maximum Possible Loss)
Definition	Der höchste wahrscheinliche Schaden unter realistischen Annahmen.	Der maximal mögliche Schaden, unabhängig von der Eintrittswahrscheinlichkeit.
Basisannahmen	Historische Daten, Schadensstatistiken, Standardrisiken.	Extremszenario ohne Rücksicht auf Wahrscheinlichkeiten.
Enthält Black Swans?	Nein, da unvorhersehbare Risiken oft nicht modelliert sind.	Nur teilweise, da Black Swans nicht auf Wahrscheinlichkeiten basieren, sondern unvorstellbar sind.
Versicherungsrelevanz	Basis für die Prämienkalkulation und Rückversicherung.	Wird in Extremszenarien und Spezialfällen betrachtet, aber oft nicht versicherbar.

Ist MPL also die bessere Betrachtung für Black Swans?

Nicht unbedingt. MPL bezieht sich zwar auf den theoretisch schlimmstmöglichen Schaden, aber er basiert trotzdem auf bekannten Annahmen. Black Swans sind jedoch Ereignisse, die außerhalb aller bisherigen Modelle liegen, und selbst MPL kann sie nicht vollständig erfassen.

Warum ist ein Black Swan nicht unbedingt in MPL enthalten?

- Unbekannte oder unberücksichtigte Risiken: MPL basiert auf dem aktuell bekannten Risikospektrum. Ein neuartiger Cyberangriff, eine komplexe hybride Bedrohung oder eine ungeahnte Verkettung von Risiken könnte sogar über das MPL-Szenario hinausgehen.

- Systemische Risiken fehlen oft: MPL wird oft für ein einzelnes Objekt oder ein einzelnes Risiko betrachtet. Globale Kettenreaktionen (z. B. ein Megaausfall der Lieferketten, eine globale Finanzkrise nach einem Naturereignis) werden oft nicht einbezogen.

- Veränderte Umweltbedingungen: Was heute als MPL gilt, kann in Zukunft durch technische oder klimatische Entwicklungen übertroffen werden. Ein Black Swan liegt meist außerhalb der angenommenen Rahmenbedingungen.

Wann wäre MPL eine bessere Annäherung für Black Swans?

MPL kann in bestimmten Fällen eine robustere Schätzung sein als PML, insbesondere wenn es um Extremrisiken geht, z. B.:

- Kompletter Totalschaden eines Industriekomplexes (z. B. Explosion und Feuer, die sich über die gesamte Anlage ausbreiten).

- Unkontrollierbare Ereignisse ohne funktionierende Sicherheitsmaßnahmen (z. B. ein nuklearer GAU durch menschliches Versagen oder eine Kombination aus Naturkatastrophe und technischen Ausfällen).

- Globale Katastrophen mit Megaschäden, wie z. B. ein weltweiter Ausfall des Internets oder ein langanhaltender Blackout über mehrere Länder hinweg.

Allerdings bleibt das Problem bestehen: MPL basiert immer noch auf bekannten Extremszenarien, während Black Swans genau durch ihre Unvorhersehbarkeit definiert sind.

MPL kann also im Vergleich zu PML näher an Black Swan-Ereignissen liegen als PML, aber es ist keine vollständige Lösung. Black Swans sprengen auch MPL-Szenarien, weil sie sich oft aus ungeahnten Faktoren oder neuen Kombinationen von Risiken ergeben.

Die beste Herangehensweise:

- PML für realistische Höchstschäden (wirtschaftlich sinnvolle Betrachtung für Versicherer)
- MPL für Extremszenarien (um Worst-Case-Fälle zu verstehen)
- Stresstests & Szenarioanalysen für Black Swans, um über den Tellerrand hinauszudenken

Ein modernes Risikomanagement braucht alle drei Konzepte, um eine vollständige Risikoabschätzung vorzunehmen.

Black Swan und CL

Der Catastrophic Loss (CL) kommt einem Black Swan schon näher als PML oder MPL, aber er ist nicht unbedingt identisch mit einem echten Black Swan-Ereignis.

CL beschreibt katastrophale Schäden, die die wirtschaftliche Tragfähigkeit eines Unternehmens, einer Versicherung oder sogar eines ganzen Marktes erheblich gefährden können.

Kriterium	PML (Probable Maximum Loss)	MPL (Maximum Possible Loss)	CL (Catastrophic Loss)	Black Swan
Definition	Höchster wahrscheinlicher Schaden unter realistischen Bedingungen.	Theoretisch maximaler Schaden unabhängig von der Wahrscheinlichkeit.	Schaden mit existenzbedrohender Wirkung auf Unternehmen oder Versicherer.	Extrem seltenes, nicht vorhersehbares Ereignis mit gigantischen Auswirkungen.
Beispiel	Großbrand in einer Produktionshalle mit funktionierenden Sprinklern.	Totalschaden einer ganzen Fabrik inklusive Umfeld durch Explosion.	Komplettes Versagen aller Schutzmaßnahmen, wodurch gesamte Branche leidet.	Plötzlicher Kriegsausbruch, der die gesamte Logistikbranche umkrempelt.
Beruht auf bekannten Daten?	Ja	Ja	Ja, aber kann systemische Effekte beinhalten.	Nein, es liegt außerhalb bekannter Modelle.
Systemische Auswirkungen?	Nein, oft auf ein einzelnes Risiko begrenzt.	Nein, betrachtet nur das „Worst Case"-Szenario für eine Einheit.	Ja, kann mehrere Akteure betreffen und Märkte erschüttern.	Ja, global oder branchenübergreifend.
Typische Versicherungslösungen?	Standardversicherung mit Sublimits.	Spezialdeckungen, hohe Rückversicherung nötig.	Rückversicherungen, alternative Risikotransfers (z. B. CAT Bonds).	Häufig nicht versicherbar oder nur mit staatlicher Unterstützung.

Warum ist CL näher am Black Swan als PML und MPL?

1. CL betrachtet systemische Risiken – also Schäden, die nicht nur einen einzelnen Betrieb betreffen, sondern auch Marktmechanismen, ganze Branchen oder sogar Staaten ins Wanken bringen können.
   - Beispiel: Eine Kernschmelze in einem Atomkraftwerk führt zur dauerhaften Evakuierung einer gesamten Region und zur Regulierungsänderung für alle Betreiber weltweit (z. B. Fukushima).

2. CL kann durch Verkettungen von Risiken entstehen – das unterscheidet es von PML/MPL, die oft nur einen isolierten Schaden betrachten.
   - Beispiel: Eine Flutkatastrophe zerstört Produktionsanlagen, die daraufhin zu einem Umwelt-GAU führen, wodurch versicherte Schäden ins Unermessliche steigen.

3. CL ist oft an Finanzkrisen gekoppelt, was es dem Black Swan ähnlich macht.
   - Beispiel: Die Finanzkrise 2008 begann als Problem einiger weniger Banken, führte aber zur globalen Wirtschaftskrise – ein klassischer CL-Fall mit Black Swan-Charakter.

Aber warum ist CL nicht gleich ein Black Swan?

Trotz aller Gemeinsamkeiten gibt es Unterschiede:

CL ist ein sehr großer Schaden, aber oft basierend auf bekannten Risiken.
Black Swan ist ein völlig unerwartetes, unbekanntes Ereignis. CL kann in Versicherungslösungen berücksichtigt werden, Black Swans oft nicht.

Ein Beispiel:

- CL: Ein riesiges Erdbeben trifft Tokio – eine Katastrophe, aber grundsätzlich in Modellen vorhanden.
- Black Swan: Eine unentdeckte unterirdische Magma-Kammer führt zu einem unerwarteten Supervulkan-Ausbruch, der eine komplette Weltwirtschaftskrise auslöst.

CL ist eine bessere Annäherung an den Black Swan als MPL oder PML – aber nicht identisch

- PML ist realistisch kalkulierbar.
- MPL ist eine reine Worst-Case-Betrachtung innerhalb bekannter Rahmenbedingungen.
- CL hat systemische Auswirkungen und ist schwerer versicherbar, aber noch denkbar.
- Black Swan liegt außerhalb aller bekannten Annahmen und Modelle.

Was heißt das für Versicherungen?

Versicherer sollten ihre Modelle nicht nur um MPL und CL erweitern, sondern auch Szenarioanalysen für Black Swans durchführen.

CAT Bonds und staatliche Fonds (z. B. in der Rückversicherung für Pandemien oder extreme Naturkatastrophen) könnten helfen, Black Swan-Risiken abzusichern.

Hybride Ansätze (Versicherungen + staatliche Rückversicherungen + Kapitalmärkte) werden immer wichtiger.

Black Swan und EML

EML (Estimated Maximum Loss) ist eine Schätzung des erwarteten Höchstschadens, den eine Versicherungsgesellschaft für einen bestimmten Risikoort oder ein bestimmtes Portfolio annehmen muss. Es liegt oft zwischen PML und MPL, wobei EML eher als konservativ geschätzter Höchstschaden betrachtet wird.

Kriterium	PML (Probable Maximum Loss)	MPL (Maximum Possible Loss)	EML (Estimated Maximum Loss)	Black Swan
Definition	Wahrscheinlichster Höchstschaden unter realistischen Bedingungen.	Theoretisch maximaler Schaden ohne Rücksicht auf Wahrscheinlichkeiten.	Geschätzter Höchstschaden auf Basis realer Schadendaten und Marktanalysen.	Extrem seltenes, nicht vorhersehbares Ereignis mit globalen Auswirkungen.
Beruht auf bekannten Daten?	Ja	Ja	Ja, basiert auf realen Schadenerfahrungen.	Nein, es liegt außerhalb aller bekannten Modelle.
Beispiel	Großbrand in einer Produktionshalle mit funktionierenden Sprinklern.	Totalschaden einer Fabrik durch Explosion ohne funktionierende Schutzmaßnahmen.	Ein Versicherer kalkuliert eine realistische Brandschadenhöhe, z. B. 60 % der Gebäudewerte.	Eine unbekannte chemische Reaktion zerstört eine ganze Region durch Kettenreaktionen.
Systemische Auswirkungen?	Nein, oft auf einen Standort begrenzt.	Nein, oft nur ein Worst-Case für eine Einheit.	Nein, wird oft individuell für ein Risiko oder eine Branche berechnet.	Ja, kann eine gesamte Branche oder Weltwirtschaft destabilisieren.

Wie steht EML im Verhältnis zum Black Swan?

- EML kann Black Swans nicht vorhersagen, weil es auf bestehenden Erfahrungen beruht.

- Aber EML kann ein Gefühl für das Worst-Case-Szenario geben – innerhalb der bekannten Rahmenbedingungen.

- Ein Black Swan-Ereignis kann den EML-Wert sprengen, weil er auf völlig neuen Mechanismen beruht.

Ein Beispiel:

- EML: Ein Versicherer berechnet, dass der maximale Schaden an einer Raffinerie 75 % der Gesamtwerte beträgt.
- Black Swan: Ein terroristischer Cyberangriff führt zu einer unkontrollierten Selbstzerstörung aller Raffinerien einer Region, was eine globale Ölkrise auslöst.

Warum kann EML Black Swans nicht vollständig abdecken?

1. Black Swans liegen außerhalb aller bekannten Daten:
   - EML basiert auf historischen Schadenfällen. Ein echtes Black Swan-Ereignis ist aber beispiellos.
   - Beispiel: Die Explosion im Hafen von Beirut (2020) war zwar ein CL (Catastrophic Loss), aber kein Black Swan – weil es bekannte Ammoniumnitrat-Katastrophen gab. Ein Black Swan wäre gewesen, wenn eine unvorhersehbare chemische Reaktion dazu geführt hätte, dass eine ganze Stadt verstrahlt wird.

2. EML kalkuliert mit Sicherheitsmaßnahmen – Black Swans ignorieren sie:
   - Beispiel: Eine Chemiefabrik hat ein modernes Brandschutzsystem. EML berücksichtigt das und nimmt vielleicht einen Schaden von 60 % an.
   - Ein Black Swan könnte ein neuartiges chemisches Phänomen sein, das alle Sicherheitssysteme unbrauchbar macht – und die gesamte Region vernichtet.

3. Systemische Risiken fehlen oft in EML-Modellen:
   - EML betrachtet oft ein einzelnes Risiko.
   - Black Swans entstehen oft durch eine ungeahnte Verkettung von Ereignissen.
   - Beispiel: Ein ungewöhnlicher Vulkanausbruch legt nicht nur ein Kraftwerk lahm, sondern verursacht eine langanhaltende weltweite Energiekrise, weil Asche die Solarenergieerzeugung über Monate reduziert.

EML kann durch moderne Stresstests und Szenarioanalysen diesbezüglich verbessert werden:

- Simulationen mit extremeren Kombinationen von Risiken (z. B. Naturkatastrophe + Cyberangriff + Lieferkettenzusammenbruch).
- Dynamische Anpassung von EML-Werten, basierend auf neuen Bedrohungen.
- Berücksichtigung von systemischen Risiken, nicht nur Einzelrisiken.

Aber Black Swans sind per Definition unvorhersehbar – also wird auch EML nie perfekt sein.

Fazit: Wo steht EML im Vergleich zum Black Swan?

- EML ist besser als PML für Risikoabschätzungen, weil es realistischere Zahlen liefert.

- MPL bleibt die härtere Grenze für Worst-Case-Szenarien – aber immer noch innerhalb bekannter Modelle.

- CL (Catastrophic Loss) ist der Black Swan näher, weil es systemische Risiken umfasst.

- Black Swans brechen jedoch alle diese Modelle, weil sie auf unvorhersehbaren Mechanismen beruhen.

Was bedeutet das für Versicherungen?

- EML reicht für normale Underwriting-Prozesse, aber nicht für echte Extremereignisse.
- Für eine bessere Risikoabsicherung müssen Versicherer stärker auf Szenarioanalysen setzen.
- Black Swans zeigen, dass selbst EML+CL zusammen nicht alle Risiken abdecken können – neue Finanzierungsmechanismen (z. B. CAT Bonds, staatliche Fonds) werden wichtiger.

Kapitel 9
Algorithmic Underwriting

Das Konzept des "**algorithmic underwriting**" lässt sich am besten in den Entwicklungen der **Industrie 4.0** und **Industrie 5.0** einordnen, da es direkt mit der Digitalisierung und der Integration von Künstlicher Intelligenz (KI) und maschinellem Lernen (ML) in den Versicherungsprozess zu tun hat.

Algorithmic Underwriting in der Versicherungslandschaft:

Algorithmic Underwriting bezeichnet den Einsatz von Algorithmen, die mithilfe von **Big Data**, **Künstlicher Intelligenz (KI)** und **maschinellem Lernen** die Risikobewertung von Versicherungsanträgen automatisieren und optimieren. Im Wesentlichen handelt es sich um eine **automatisierte Entscheidungsmethodik**, bei der große Datenmengen in Echtzeit analysiert werden, um Risiken schneller und genauer zu kalkulieren, als es durch manuelle Prozesse möglich wäre.

Diese Art der Risikobewertung kommt vor allem in der **Preisgestaltung von Versicherungen** und der **Schadenregulierung** zum Tragen.

Einordnung von Algorithmic Underwriting in Industrie 4.0 und 5.0:

1. **Industrie 4.0 – Die digitale Revolution in der Versicherungsbranche:**

    - **Künstliche Intelligenz und Big Data** sind zentrale Bestandteile der **Industrie 4.0**. Diese Technologien erlauben es Versicherungsunternehmen, die bestehenden Prozesse wie Underwriting durch **algorithmische Modelle** zu ersetzen oder zu ergänzen.

- **Algorithmic Underwriting** basiert auf den Datenanalyse-Techniken von **Industrie 4.0**, wie **Big Data** und **KI**. Diese Technologien bieten den Versicherern die Möglichkeit, durch **automatisierte Entscheidungen** präzisere und schnellere Risikobewertungen vorzunehmen, was den Underwriting-Prozess revolutioniert.

- **Beispiel:** In der Kfz-Versicherung können durch **Telematik**-Daten oder durch die Analyse des Fahrverhaltens des Kunden mithilfe von Algorithmen individuelle Prämien ermittelt werden. Versicherer können so maßgeschneiderte Angebote erstellen, die auf den tatsächlichen Risiken und nicht nur auf historischen Daten basieren.

2. **Industrie 5.0 – Die menschenzentrierte Revolution in der Versicherungsbranche:**

   - **Industrie 5.0** setzt auf eine verstärkte **Kollaboration zwischen Mensch und Maschine**, wobei der Mensch als Entscheider in einem technologisch unterstützten Arbeitsumfeld agiert. Auch hier spielen **algorithmenbasierte Systeme** eine wichtige Rolle, aber sie werden zunehmend so entwickelt, dass sie mit menschlicher Intuition und Expertise zusammenarbeiten.

   - In diesem Kontext wird Algorithmic Underwriting noch weiter verfeinert, indem es nicht nur Daten aus verschiedenen Quellen nutzt, sondern auch die **Ethik und Bedürfnisse der Kunden** stärker in die Entscheidungsprozesse einfließen lässt.

   - **Beispiel:** Algorithmische Systeme könnten in der **Lebensversicherung** nicht nur traditionelle Daten wie Alter, Geschlecht und Gesundheitszustand analysieren, sondern auch psychosoziale und verhaltensbasierte Daten, um individuellere und sozial verantwortungsvollere Versicherungsprodukte zu entwickeln.

Algorithmic Underwriting und die Entstehung von Industrie 6.0:

Obwohl **Industrie 5.0** das derzeit modernste Paradigma in der industriellen Entwicklung darstellt, könnte **Algorithmic Underwriting** durchaus als ein Vorbote für die nächste Stufe der industriellen Revolution angesehen werden, insbesondere wenn man es mit den **kognitiven Technologien** und der **Automatisierung** in Verbindung bringt, die wir als **Industrie 6.0** erwarten könnten.

Industrie 6.0 könnte durch **hochentwickelte KI-gestützte Systeme** und eine noch stärkere **Automatisierung und Vernetzung** von Entscheidungsprozessen in der Versicherungsbranche geprägt sein. Diese Systeme würden nicht nur Risikobewertungen automatisieren, sondern auch die **Komplexität** und die **Widersprüchlichkeit** in Daten und Entscheidungen selbstständig verstehen und interpretieren können. Ein **Algorithmic Underwriting** in **Industrie 6.0** könnte auch so weit fortgeschritten sein, dass **ethische Entscheidungen**, **soziale Verantwortung** und **Individuenrechte** aktiv berücksichtigt werden – nicht nur als Eingabedaten, sondern als Teil der Entscheidungsfindung selbst.

Algorithmic Underwriting ist ein bedeutender Teil der digitalen Revolution in der Versicherungsbranche, die mit **Industrie 4.0** begonnen hat. Es nutzt **KI, Big Data und maschinelles Lernen**, um Versicherungsrisiken schneller und präziser zu bewerten. Wenn wir über **Industrie 6.0** nachdenken, könnte Algorithmic Underwriting weiterentwickelt werden und die Rolle des Menschen in der Entscheidungsfindung stärker berücksichtigen – nicht nur als Prozessoptimierer, sondern als moralischer und ethischer Partner in der technologischen Evolution. Daher würde **Algorithmic Underwriting** wohl als ein Trend innerhalb von Industrie 4.0 und 5.0 betrachtet werden, mit einer klaren Weiterentwicklungsperspektive in **Industrie 6.0**.

Kapitel 10
Versicherungsinnovationen in der Zukunft

Die Versicherungsbranche steht an der Schwelle zu tiefgreifenden Veränderungen, die durch die fortschreitende **Technologie**, **Digitalisierung** und die zunehmende **Nachhaltigkeit** angetrieben werden. Diese Innovationen beeinflussen nicht nur, wie Versicherungsprodukte entwickelt, angeboten und verwaltet werden, sondern auch, wie Versicherer mit ihren Kunden interagieren und wie Risiken in einer immer komplexer werdenden Welt bewertet werden.

In diesem Kapitel werfen wir einen Blick auf die **Versicherungsinnovationen**, die in der Zukunft maßgeblich sein werden, und die Technologien und Trends, die die **Zukunft der Versicherungsbranche** prägen.

1. Telematik- und Usage-Based Insurance (UBI):

Telematik-basierte Versicherungen, auch bekannt als **Usage-Based Insurance (UBI)** oder **Pay-as-you-drive (PAYD)**, werden durch den Einsatz von **Telematikgeräten** und **Smartphones** zur Überwachung des Fahrverhaltens und anderer persönlicher Daten immer populärer. Versicherer passen die Prämien an das tatsächliche Verhalten der Kunden an, anstatt auf Basis von historischen Daten oder pauschalen Risikofaktoren zu kalkulieren.

Zukunftsperspektive:

- **Verknüpfung mit weiteren Bereichen:** Zukünftige Telematik-Systeme könnten nicht nur das **Fahrverhalten**, sondern auch andere Verhaltensweisen und Lebensstile messen, z. B. durch **Wearables** oder **Smart Homes**.

- **Spezialisierte Tarife:** Versicherer werden zunehmend **maßgeschneiderte Tarife** anbieten, die auf das individuelle Verhalten und spezifische Risikoprofile ausgerichtet sind. Fahrer, die sicher fahren, können **bessere Prämien** erhalten, während risikoreichere Fahrgewohnheiten höhere Prämien zur Folge haben.

- **Vorteile:** Kunden können durch ein besseres Fahrverhalten oder durch den Einsatz von Technologien zur **Schadensvermeidung** erhebliche Einsparungen erzielen.

2. Künstliche Intelligenz (KI) und maschinelles Lernen (ML):

Die **Integration von Künstlicher Intelligenz** und **maschinellem Lernen** wird eine zentrale Rolle in der Zukunft der Versicherungsbranche spielen. Versicherer nutzen diese Technologien bereits, um **Schadenregulierungen zu automatisieren, Prognosen zu treffen** und **Vertragsbedingungen zu überprüfen**.

Zukunftsperspektive:

- **Automatisierung von Schadensregulierungen:** KI und **automatisierte Systeme** werden Schadenmeldungen schneller und effizienter bearbeiten, indem sie automatisch die **Berechtigung für Schadenersatz prüfen**, den **Schadenumfang** bewerten und **schnelle Auszahlungen** ermöglichen.

- **Personalisierte Versicherungsprodukte:** KI wird dabei helfen, personalisierte Versicherungsprodukte zu entwickeln, indem sie **individuelle Risikoprofile** auf Basis von Daten erstellt, die weit über traditionelle Versicherungsmodelle hinausgehen (z. B. Lebensstil, Fahrverhalten, Gesundheitsdaten).

- **Bessere Schadenprognosen:** KI kann dabei helfen, zukünftige Risiken genauer zu kalkulieren, indem sie **historische Daten** mit Echtzeitdaten kombiniert. So können Risiken besser vorhergesagt und präzise Versicherungsprodukte erstellt werden.

3. Blockchain in der Versicherungsbranche:

Blockchain ist eine der vielversprechendsten Innovationen, die nicht nur die **Sicherheit** und **Transparenz** von Versicherungstransaktionen verbessern kann, sondern auch **Smart Contracts** und die **Automatisierung** von Prozessen ermöglicht.

Zukunftsperspektive:

- **Smart Contracts: Automatisierte Verträge**, die auf Blockchain basieren, können dazu führen, dass Versicherungszahlungen oder Schadensregulierungen **automatisch ausgeführt werden**, wenn vordefinierte Bedingungen erfüllt sind. Dies könnte den gesamten Prozess der **Versicherungspolicen** und **Schadenregulierung** erheblich beschleunigen.

- **Verhinderung von Betrug:** Die **Transparenz von Blockchain** wird helfen, **Betrug** und **Fälschungen** in der Versicherungsbranche zu vermeiden. Versicherungsansprüche können durch **unveränderbare Transaktionen** und **prüfbare Daten** gesichert werden.

- **Dezentrale Versicherungsmodelle:** Blockchain ermöglicht es, **dezentrale Versicherungsplattformen** zu schaffen, die auf **Peer-to-Peer-Basis** (P2P) Versicherungen ohne die Notwendigkeit eines zentralen Vermittlers anbieten.

4. Nachhaltigkeit und ESG-Kriterien (Environmental, Social, Governance):

Die steigende Bedeutung von **Nachhaltigkeit** in der **Versicherungsbranche** führt dazu, dass Versicherer beginnen, ihre **Umwelt-, Sozial- und Governance-Kriterien (ESG)** stärker in ihre Angebote und Prozesse zu integrieren. **Nachhaltige Versicherungsprodukte** sind nicht nur ein Trend, sondern werden zunehmend erwartet.

Zukunftsperspektive:

- **Grüne Versicherungen:** Es wird eine zunehmende Nachfrage nach **grünen Versicherungen** geben, die Unternehmen und Einzelpersonen dabei unterstützen, nachhaltige Praktiken zu fördern, indem sie umweltfreundliche Risiken abdecken (z. B. **CO2-Emissionen**, **erneuerbare Energiequellen**, **umweltfreundliche Fahrzeugflotten**).

- **ESG-Integration:** Versicherer werden ihre Portfolios auf die **Bewertung von ESG-Faktoren** ausrichten und **umweltbewusste Unternehmen** bevorzugen. Auch die Versicherungsprodukte werden stärker auf die **Nachhaltigkeit** des Unternehmens und die Reduzierung von Umwelt- und Klimarisiken ausgelegt sein.

- **Sustainable Investing:** Versicherungsunternehmen könnten in **nachhaltige Investitionen** investieren, um sowohl den finanziellen Ertrag zu steigern als auch positive gesellschaftliche und ökologische Auswirkungen zu erzielen.

5. Internet of Things (IoT) und Versicherungsprodukte:

Das **Internet der Dinge (IoT)** wird der Versicherungsbranche helfen, innovative **neue Produkte** zu entwickeln, die auf der Überwachung von **real-time Daten** basieren. IoT-basierte Geräte werden eine größere Rolle bei der **Überwachung** von **Fahrzeugen**, **Haushalten** und **Fabriken** spielen, um Risiken präziser zu messen und zu verwalten.

Zukunftsperspektive:

- **Telematik in der Kfz-Versicherung:** Neben der **Pay-as-you-drive-** und **Pay-how-you-drive**-Versicherung könnten noch fortgeschrittenere **IoT-basierte Produkte** entwickelt werden, die es ermöglichen, dass **Versicherungen auf Echtzeitdaten** zugreifen. Diese Daten ermöglichen es den Versicherern, die **Prämien dynamisch** in Echtzeit anzupassen.

- **Smart Homes und Hausratversicherungen: Smart-Home-Technologien** könnten auch die **Hausratversicherung** revolutionieren, indem sie Daten zur **Energieeffizienz**, **Sicherheit** und **Wasserlecks** sammeln, die zur **Reduzierung von Prämien** oder zur **Vermeidung von Schäden** genutzt werden können.

- **Präventive Versicherungen:** Versicherungen werden zunehmend präventiv tätig und helfen, Risiken zu verringern, anstatt nur auf Schadensfälle zu reagieren. IoT-basierte Versicherungsprodukte könnten **Frühwarnsysteme** einführen, die Schäden verhindern oder abschwächen, bevor sie auftreten.

6. Versicherungen für neue Technologien:
Mit der fortschreitenden Entwicklung von **Autonomen Fahrzeugen**, D**rohnen gestützten Lieferdiensten**, **Robotern** und anderen disruptiven Technologien werden neue Versicherungsprodukte erforderlich, um diese **neuen Risiken** abzudecken.

Zukunftsperspektive:

- **Versicherung für autonome Fahrzeuge:** Die Einführung von **selbstfahrenden Autos** erfordert spezielle **Haftpflicht- und Unfallversicherungen**, die auf **Künstlicher Intelligenz** und **automatisierten Fahrverhalten** basieren.

- **Roboter- und Drohnenversicherung:** Mit der zunehmenden Nutzung von **Drohnen** für Lieferungen und der Integration von **Robotern** in verschiedenen Industrien wird die Versicherungsbranche innovative Produkte entwickeln müssen, um diese neuen Technologien abzusichern.

Die **Versicherungsbranche der Zukunft** wird nicht nur **technologisch weiterentwickelt**, sondern auch stärker **nachhaltig** und **kundenorientiert** sein. **Künstliche Intelligenz**, **Telematik**, **Blockchain**, **Nachhaltigkeit** und das **Internet der Dinge (IoT)** werden die Gestaltung von **Versicherungsprodukten** und die **Berechnung von Risiken** revolutionieren. Diese Innovationen bieten enorme Chancen für Versicherer und Verbraucher gleichermaßen, die auf einer dynamischeren und transparenteren Grundlage arbeiten können.

Insgesamt lässt sich sagen, dass die Versicherungsbranche durch technologische Innovationen effizienter, personalisierter und nachhaltig werden wird.

Kapitel 11
Risikomanagement in der Versicherungsbranche

Die **Versicherungsbranche** ist von Natur aus eng mit dem **Management von Risiken** verbunden. Versicherer haben die Aufgabe, Risiken zu identifizieren, zu bewerten und zu managen, um sowohl die Interessen ihrer Kunden zu schützen als auch selbst profitabel und stabil zu bleiben.

In diesem Kapitel betrachten wir das **Risikomanagement** in der Versicherungsbranche, die verschiedenen **Risikotypen**, die Versicherungsunternehmen betreffen, und wie moderne **Risikomanagementtechniken** und -strategien dazu beitragen, die Herausforderungen der **Industrie 5.0** und **6.0** zu bewältigen.

Was ist Risikomanagement in der Versicherungsbranche?

Risikomanagement in der **Versicherungsbranche** bezieht sich auf die Identifikation, Analyse, Bewertung, Steuerung und Überwachung von Risiken, die die Geschäftstätigkeit eines Versicherungsunternehmens betreffen. Ziel des Risikomanagements ist es, die **finanziellen Auswirkungen von Risiken zu minimieren**, die **Kundenzufriedenheit zu gewährleisten** und die **rechtlichen, regulatorischen und operativen Anforderungen** zu erfüllen.

Es umfasst die Entwicklung von **strategischen**, **operativen** und **finanziellen** Maßnahmen zur Sicherstellung der Stabilität und Rentabilität des Unternehmens.

Wichtige Aufgaben des Risikomanagements:

- **Risikobewertung:** Feststellung der **Wahrscheinlichkeit** und der **Auswirkungen** von Risiken, die das Unternehmen betreffen könnten.

- **Risikosteuerung:** Implementierung von Maßnahmen zur Minimierung, Verlagerung oder Überwachung von Risiken, um ihre Auswirkungen zu verringern.

- **Risikominderung:** Strategien entwickeln, die das Unternehmen im Falle eines Eintritts eines Risikos absichern, um den Schaden zu begrenzen.

- **Berichterstattung und Kommunikation:** Regelmäßige Überprüfung der Risiken und deren Auswirkungen auf das Unternehmen, sowie die Kommunikation an die relevanten Stakeholder.

Die verschiedenen Risikotypen in der Versicherungsbranche

In der Versicherungsbranche sind **verschiedene Risikotypen** zu managen, die sich auf **Versicherungsprodukte**, **Marktbedingungen**, **Gesetzgebung**, **technologische Veränderungen** und andere Faktoren beziehen. Hier sind einige der wichtigsten Risikokategorien, mit denen Versicherer konfrontiert sind:

a) Underwriting-Risiken:

- Diese Risiken beziehen sich auf die **Fehler bei der Risikobewertung** während des Underwriting-Prozesses. Wenn Versicherer das Risiko eines potenziellen Kunden nicht korrekt einschätzen, kann dies zu einer **Unterdeckung** oder **Überdeckung** führen.

- **Beispiel:** Ein Versicherer könnte eine **falsche Einschätzung** des Risikos eines Hausbesitzers treffen und zu niedrige Prämien anbieten, was zu hohen Schadenszahlungen führt, wenn das Risiko eintritt.

b) Marktrisiken:

- **Marktrisiken** entstehen durch **Änderungen in den Finanzmärkten**, die die **Investitionen** eines Versicherers betreffen können. Schwankende **Zinsen**, **Aktienkurse** oder **Rohstoffpreise** können die Finanzlage eines Versicherers beeinträchtigen, insbesondere wenn er große **Investitionen** in volatile Märkte getätigt hat.

- **Beispiel:** Ein Versicherer, der stark in Aktien investiert, könnte während einer Marktkrise massive Verluste erleiden, die seine Fähigkeit zur Deckung von Schadenforderungen beeinträchtigen.

c) Liquiditätsrisiken:

- **Liquiditätsrisiken** entstehen, wenn ein Versicherer **nicht genügend liquide Mittel** hat, um **verpflichtende Zahlungen** oder **Schadenersatzforderungen** zu leisten. Dies kann zu einer **Unterdeckung** führen, wenn die verfügbaren Mittel nicht ausreichen, um alle Verpflichtungen zu erfüllen.

- **Beispiel:** Ein Versicherer, der seine Prämien in langfristige Investitionen steckt und auf eine Marktrendite wartet, könnte Schwierigkeiten haben, sofortige Schadenforderungen zu begleichen, wenn unerwartet viele Schadensfälle auftreten.

d) Operationales Risiko:

- **Betriebsrisiken** betreffen alle internen Prozesse, Systeme und Mitarbeiter eines Versicherungsunternehmens. Dazu gehören **Fehler in der Schadenbearbeitung**, **Betrug**, **Datenpannen** oder **Fehlentscheidungen** im Management.

- **Beispiel:** Ein Fehler im IT-System könnte dazu führen, dass **Daten verloren gehen**, was zu fehlerhaften Prämienberechnungen oder nicht ausgezahlten Schadensansprüchen führt.

e) Regulierungs- und Rechtsrisiken:

- Versicherer müssen sich an gesetzliche **Regulierungen** halten, die in vielen Ländern und Regionen unterschiedlich sind. Änderungen der **Gesetzgebung** oder **politische Instabilität** können die Rentabilität eines Unternehmens beeinträchtigen oder sogar zu **rechtlichen Klagen** führen.

- **Beispiel:** Die Einführung neuer **Datenschutzbestimmungen** wie der **GDPR** in der EU kann zu **Compliance-Risiken** führen, wenn ein Versicherer seine **Datensicherheitspraktiken** nicht anpasst.

f) Technologische Risiken:

- Mit der zunehmenden **Digitalisierung** und dem Einsatz neuer Technologien wie **Künstlicher Intelligenz** (KI), **Blockchain** und **IoT** müssen Versicherer auch **technologische Risiken** managen. Diese umfassen **Sicherheitslücken**, **Systemausfälle** und **technologische Disruptionen**, die den Betrieb und die Geschäftsprozesse des Unternehmens beeinträchtigen können.

- **Beispiel:** Ein Hackerangriff auf das **Telematiksystem** eines Versicherers könnte die Daten von Kunden und deren **Fahrverhalten** gefährden und zu **Vertrauensverlusten** führen.

3. Risikomanagementstrategien in der Versicherungsbranche

Die Umsetzung effektiver **Risikomanagementstrategien** ist entscheidend, um die Unternehmensziele zu erreichen und langfristig stabil zu bleiben. Hier sind einige der wichtigsten Strategien, die von Versicherern verwendet werden:

a) Risikoverminderung (Risk Mitigation):

- Dies umfasst Maßnahmen zur **Vermeidung von Risiken** oder zur **Reduzierung ihrer Auswirkungen**, wie z. B. die **Einschränkung von Risikopolicen** für besonders gefährdete Kunden oder die Einführung von **Sicherheitsvorkehrungen**, um Schadenereignisse zu minimieren.

- **Beispiel:** Versicherer, die **Feuerversicherungen** anbieten, könnten Rabatte für Gebäude anbieten, die mit modernen **Brandmeldeanlagen** ausgestattet sind.

b) Risikotransfer:

- Dies beinhaltet die **Verlagerung von Risiken** an andere Parteien, z. B. durch den Abschluss von **Rückversicherungsverträgen**, bei denen ein Versicherer einen Teil seines Risikos auf einen anderen Versicherer abwälzt.

- **Beispiel:** Ein **Versicherer** könnte eine Rückversicherung abschließen, um sich vor den Auswirkungen von **naturkatastrophenbedingten Schadensfällen** zu schützen.

c) Risikodiversifikation:

- Versicherungsunternehmen streben eine **Diversifizierung** ihrer **Versicherungsportfolios** an, indem sie in verschiedene **Risikobereiche** investieren (z. B. Lebens-, Sach- und Kfz-Versicherung). Dies hilft, das Risiko auf mehrere Bereiche zu verteilen und sich gegen eine **spezifische Schadensquelle** abzusichern.

- **Beispiel:** Ein Versicherer könnte sowohl in **Feuer- als auch in Lebensversicherungen** tätig sein, um die Auswirkungen eines Rückgangs in einem Bereich durch die Stabilität des anderen auszugleichen.

d) Nutzung von Technologie zur Risikomanagementverbesserung:

- **Big Data**, **Künstliche Intelligenz** und **Predictive Analytics** werden zunehmend eingesetzt, um Risiken präzise zu analysieren und zukünftige **Schadenereignisse vorherzusagen**. Versicherer können so fundierte **Entscheidungen treffen**, um Risiken proaktiv zu managen.

- **Beispiel:** Durch den Einsatz von **KI** zur Analyse von Schadensdaten können Versicherer Muster erkennen und **präventive Maßnahmen** einleiten, um zukünftige Schäden zu vermeiden.

4. Risikomanagement in der Zukunft:

Die Versicherungsbranche wird sich auch in Zukunft weiterhin mit der Herausforderung konfrontieren, immer komplexere und unbekannte Risiken zu managen. Die fortschreitende **Digitalisierung**, der **Klimawandel**, **pandemische Risiken** und **technologische Neuerungen** wie **KI**, **Blockchain** und **IoT** werden neue **Risikofaktoren** und **Risikomanagementstrategien** erforderlich machen.

Wichtige Trends:

- **Automatisierung**: Der **Einsatz von KI und maschinellem Lernen** wird immer häufiger, um Risiken effizient zu identifizieren, zu analysieren und zu managen.

- **Klimarisiken**: Die Versicherungsbranche wird zunehmend **Klimarisiken** wie Überschwemmungen, Dürre und Stürme in ihre Risikoanalysen einbeziehen müssen, da diese Ereignisse sowohl die Natur als auch die Wirtschaft beeinflussen.

- **Verhaltensbasierte Versicherungen**: **Telematik** und **Verhaltensanalyse** werden eine größere Rolle bei der **Personalisierung von Versicherungsprodukten** spielen, die auf individuellen Risikoprofilen basieren.

Risikomanagement ist die Grundlage für den Erfolg von Versicherungsunternehmen. In einer sich schnell verändernden Welt, in der **technologische Innovationen** und **globale Risiken** zunehmen, müssen Versicherer ihre Risikomanagementstrategien ständig anpassen. Durch den Einsatz neuer **technologischer Werkzeuge** und **innovative Modelle** können Unternehmen sicherstellen, dass sie sowohl den **kurzfristigen Herausforderungen** als auch den **langfristigen Veränderungen** gewachsen sind.

Kapitel 12
Blockchain in der Versicherungsbranche

Die Einführung von **Blockchain-Technologie** hat das Potenzial, die **Versicherungsbranche** grundlegend zu verändern. Ursprünglich als Technologie für Kryptowährungen wie **Bitcoin** bekannt, hat sich Blockchain inzwischen als vielseitiges Werkzeug etabliert, das weit über digitale Währungen hinausgeht. In der Versicherungsbranche bietet Blockchain zahlreiche Anwendungsmöglichkeiten, von der **Schadenregulierung** über **Transparenz** und **Sicherheit** bis hin zur **Automatisierung von Prozessen** durch **Smart Contracts**. In diesem Kapitel werden wir untersuchen, wie Blockchain die Versicherungsbranche transformiert, welche Herausforderungen bestehen und wie Versicherer Blockchain nutzen können, um ihre Effizienz, Transparenz und Kundenorientierung zu verbessern.

Was ist Blockchain?

Blockchain ist eine **dezentrale Datenbanktechnologie**, die es ermöglicht, Informationen in **unveränderlichen und transparenten** "Blöcken" zu speichern, die in einer **Kette** miteinander verbunden sind.

Diese Blöcke werden über ein **Netzwerk von Computern** (Nodes) verteilt, wobei jeder Block eine **historische Aufzeichnung** enthält, die von allen Teilnehmern des Netzwerks verifiziert wird. Die Technologie ermöglicht es, Transaktionen ohne zentrale Autorität (wie eine Bank oder Versicherungsgesellschaft) durchzuführen, was zu **größerer Transparenz**, **Sicherheit** und **Nachvollziehbarkeit** führt.

Wichtige Merkmale von Blockchain:

- **Dezentralisierung:** Es gibt keine zentrale Autorität, die die Blockchain kontrolliert. Jeder Teilnehmer hat Zugang zum gesamten Ledger.

- **Unveränderlichkeit:** Einmal in die Blockchain aufgenommene Daten können nicht mehr verändert oder gelöscht werden.

- **Transparenz:** Alle Transaktionen sind für alle Beteiligten zugänglich und nachvollziehbar.

- **Sicherheit:** Durch die Verwendung von **Kryptografie** sind Transaktionen sicher und nahezu gegen **Manipulation** geschützt.

Anwendungsbereiche von Blockchain in der Versicherungsbranche

a) Smart Contracts:

Smart Contracts sind digitale Verträge, die automatisch ausgeführt werden, sobald die vordefinierten Bedingungen erfüllt sind. Diese Verträge laufen auf der Blockchain und ermöglichen es, **Versicherungsverträge** automatisiert zu erstellen und durchzuführen.

Vorteile von Smart Contracts:

- **Automatisierung:** Vertragsbedingungen werden automatisch überprüft, und Zahlungen oder Leistungen werden sofort ausgeführt, ohne dass ein Intermediär benötigt wird.
- **Reduzierung von Verwaltungsaufwand:** Da alle Vertragsbedingungen transparent und automatisch ausgeführt werden, werden manuelle Eingriffe minimiert.
- **Verlässlichkeit:** Die Ausführung von Verträgen ist **unveränderlich** und basiert auf den festgelegten Bedingungen, was das Risiko von Fehlern und Betrug reduziert.

Beispiel: Bei einer **Reiseversicherung** könnte ein Smart Contract basierend auf den **Flugdaten** automatisch eine Rückerstattung vornehmen, wenn ein Flug verspätet ist oder annulliert wird. Sobald der Flugstatus durch eine verifizierte Quelle bestätigt ist, wird der Vertrag ausgeführt und die Zahlung an den Kunden vorgenommen.

b) Transparenz und Betrugsprävention:

Die Transparenz von Blockchain bietet erhebliche Vorteile in der Bekämpfung von **Betrug** und **Doppeltarifierung** in der Versicherungsbranche. Alle Transaktionen, einschließlich **Schadenmeldungen** und **Prämienzahlungen**, werden in der Blockchain protokolliert und sind für alle Beteiligten sichtbar und nachvollziehbar.

Vorteile für Versicherer:

- **Betrugsbekämpfung:** Alle Transaktionen sind auf der Blockchain transparent und für alle Beteiligten einsehbar, wodurch Betrug erschwert wird. Beispielsweise kann verhindert werden, dass derselbe Schadenfall mehrfach gemeldet oder das falsche Informationen vorgelegt werden.

- **Vermeidung von Doppeltarifierung:** Durch die **Unveränderlichkeit** und **Nachvollziehbarkeit** der Transaktionen können Versicherer sicherstellen, dass keine doppelte Versicherungsdeckung für denselben Schaden besteht.

Beispiel: In einer **Krankenversicherung** könnten Blockchain-Daten genutzt werden, um sicherzustellen, dass keine **doppelte Auszahlung** für dieselbe Behandlung erfolgt, da alle Versicherer denselben Datensatz teilen.

c) Effiziente Schadenregulierung:

Blockchain kann den Prozess der **Schadenregulierung** erheblich beschleunigen und vereinfachen. In der traditionellen Versicherungsbranche ist die **Schadenregulierung** oft langwierig und involves mehrere Parteien (Versicherer, Schadensprüfer, Kunden). Blockchain ermöglicht eine **schnelle und effiziente Bearbeitung**, da alle relevanten Informationen in einem transparenten, digitalen Format vorliegen.

Vorteile:

- **Schnelle Schadenbearbeitung:** Alle relevanten Daten sind **in Echtzeit** verfügbar, sodass Versicherer schnell auf Ansprüche reagieren können.

- **Vermeidung von Fehlern:** Der gesamte Prozess ist durch **Smart Contracts** und Blockchain verifiziert, wodurch menschliche Fehler minimiert werden.

- **Echtzeit-Überprüfung:** Die Blockchain ermöglicht eine sofortige **Verifikation** von Dokumenten und **Transaktionshistorien**, sodass der Schaden schneller bewertet und ausgezahlt werden kann.

Beispiel: Bei einem **Autounfall** könnte eine Blockchain-basierte Lösung es Versicherern ermöglichen, den Schaden schneller zu bewerten und **automatisch** eine Zahlung an den Geschädigten zu leisten, sobald die Bedingungen des Vertrags erfüllt sind.

d) Rückversicherung:

Blockchain kann auch in der **Rückversicherung** eine Rolle spielen. Rückversicherer müssen die Risiken und Prämien von Versicherern analysieren und absichern. Blockchain ermöglicht eine **effiziente und transparente** Rückversicherung, indem sie den Austausch von **Versicherungsdaten** zwischen verschiedenen Parteien vereinfacht.

Vorteile:

- **Effizienter Datenaustausch:** Versicherungsunternehmen können ihre **Rückversicherungsverträge** und -dokumente direkt auf der Blockchain abwickeln, ohne auf einen zentralen Vermittler angewiesen zu sein.

- **Kostenreduzierung:** Der automatisierte Datenaustausch und die Eliminierung von Vermittlern führen zu **Kosteneinsparungen** für Rückversicherer.

Beispiel: Ein Versicherungsunternehmen könnte eine **Blockchain-basierte Rückversicherung** einrichten, bei der alle **Prämienzahlungen und Risiken** transparenter und automatisierter abgewickelt werden.

3. Herausforderungen bei der Implementierung von Blockchain in der Versicherungsbranche

Obwohl Blockchain zahlreiche Vorteile bietet, gibt es auch Herausforderungen bei der Einführung der Technologie in der Versicherungsbranche:

a) Technologische Komplexität:
Die Implementierung von Blockchain erfordert erhebliche Investitionen in **IT-Infrastruktur** und **Schulung** der Mitarbeiter. Viele Versicherungsunternehmen stehen vor der Herausforderung, ihre bestehenden Systeme mit der neuen Blockchain-Technologie zu integrieren.

b) Regulierung und Compliance:
Die rechtlichen und regulatorischen Anforderungen an den Einsatz von Blockchain sind noch nicht überall klar definiert. Versicherer müssen sicherstellen, dass ihre Blockchain-Lösungen mit den bestehenden **Gesetzen** und **Datenschutzrichtlinien** in Einklang stehen, wie z.B. der **Datenschutz-Grundverordnung (DSGVO)** in Europa.

c) Akzeptanz und Vertrauen:
Die Einführung von Blockchain in der Versicherungsbranche setzt ein hohes Maß an Vertrauen und Zusammenarbeit zwischen **verschiedenen Versicherern**, **Rückversicherern** und **Drittparteien** voraus. Es gibt Bedenken hinsichtlich der **Datensicherheit** und der **Integrität der gespeicherten Daten**.

d) Skalierbarkeit:
Blockchain-Technologien sind noch nicht immer in der Lage, die hohe Transaktionslast, die in der Versicherungsbranche erforderlich ist, zu bewältigen. Versicherer müssen Lösungen finden, die Blockchain skalierbar machen und gleichzeitig die Transaktionsgeschwindigkeit gewährleisten.

Die Einführung von **Blockchain in der Versicherungsbranche** hat das Potenzial, die **Prozesse zu revolutionieren**, indem sie mehr **Transparenz**, **Sicherheit** und **Automatisierung** ermöglicht. **Smart Contracts**, **Schadenregulierung** und **Betrugsprävention** sind nur einige der vielen Anwendungen, die Versicherer nutzen können, um ihre Effizienz zu steigern und ihren Kunden einen besseren Service zu bieten. Trotz der Herausforderungen im Hinblick auf **Technologie**, **Regulierung** und **Akzeptanz** ist Blockchain zweifellos eine der vielversprechendsten Technologien für die Zukunft der Versicherungsbranche. Versicherer, die die Technologie frühzeitig implementieren, werden in einer zunehmend digitalisierten Welt einen Wettbewerbsvorteil haben.

Kapitel 13
Nachhaltigkeit und ESG-Kriterien

Nachhaltigkeit und **ESG-Kriterien** (Environmental, Social, Governance) sind heute von zentraler Bedeutung in vielen Branchen, insbesondere auch in der **Versicherungsbranche**. Angesichts der **wachsenden Umweltprobleme**, der **gesellschaftlichen Verantwortung** und der Notwendigkeit einer **guten Unternehmensführung** haben **nachhaltige Investitionen** und die Berücksichtigung von **ESG-Aspekten** in der Geschäftspraxis von Versicherungsunternehmen zunehmend an Bedeutung gewonnen.

Dieser Wandel ist nicht nur ein ethischer Imperativ, sondern auch eine wirtschaftliche Notwendigkeit, da Unternehmen, die sich mit den ESG-Kriterien auseinandersetzen, langfristig wettbewerbsfähiger sind und die steigenden Anforderungen der Regulierungsbehörden und der Verbraucher erfüllen.

In diesem Kapitel untersuchen wir, wie **ESG-Kriterien** in der Versicherungsbranche umgesetzt werden, wie sich **Nachhaltigkeit** und **gesellschaftliche Verantwortung** in den Versicherungsgeschäften widerspiegeln und wie diese Faktoren den gesamten Versicherungsmarkt verändern.

1. Was sind ESG-Kriterien?

ESG steht für **Environmental**, **Social** und **Governance** und beschreibt eine **Messgröße** für die nachhaltige und ethische Ausrichtung von Unternehmen. ESG-Kriterien geben Auskunft darüber, wie ein Unternehmen seine Verantwortung gegenüber der **Umwelt**, der **Gesellschaft** und der **guten Unternehmensführung** wahrnimmt.

a) Environmental (Umwelt):

- **Umwelt**-Kriterien messen, wie ein Unternehmen seine **Umweltauswirkungen** steuert, insbesondere in Bezug auf **Ressourcenverbrauch**, **Emissionen** und den Umgang mit **Abfall**. Es geht darum, wie das Unternehmen die **Nachhaltigkeit** und den **Klimaschutz** fördert.

- **Beispiel:** **CO2-Emissionen** von Unternehmen, **Energieverbrauch**, Nutzung von **erneuerbaren Energiequellen**, Maßnahmen zur **Reduzierung von Abfällen** und **Förderung der Kreislaufwirtschaft**.

b) Social (Gesellschaft):

- **Gesellschaftliche** Kriterien beziehen sich auf die **Auswirkungen** eines Unternehmens auf die **Gesellschaft**. Dazu gehören Aspekte wie **Arbeitsbedingungen, Chancengleichheit, Menschenrechte, Kundenschutz** und **Gesundheits- und Sicherheitsvorkehrungen**.

- **Beispiel: Faire Arbeitsbedingungen, Diversität und Inklusion** im Unternehmen, **Produktsicherheit, Kundenrechte** und die **Förderung des Gemeinwohls**.

c) Governance (Unternehmensführung):

- **Governance**-Kriterien betreffen die **Unternehmensführung** und die **internen Kontrollsysteme**. Hier wird bewertet, wie ein Unternehmen seine **Managementstrukturen** organisiert, wie es mit **Korruption** umgeht und wie es eine transparente **Berichterstattung** sicherstellt.

- **Beispiel: Korruptionsbekämpfung, Unabhängigkeit des Aufsichtsrats, Unternehmensethik, Transparenz** in den Geschäftspraktiken und die **Einhaltung von Vorschriften**.

2. ESG in der Versicherungsbranche

Die Versicherungsbranche steht vor der Herausforderung, ESG-Kriterien in ihre Geschäftsstrategien zu integrieren, nicht nur in Bezug auf die Produkte, die sie anbieten, sondern auch im Hinblick auf ihre **Investitionsentscheidungen, Unternehmensführung** und den Umgang mit den **Risiken**, die durch **Klimawandel, soziale Ungleichheit** und **unternehmerische Verantwortung** entstehen.

a) ESG und Risikomanagement:

- **Versicherer müssen die Auswirkungen des Klimawandels** und anderer ESG-Faktoren auf ihre Risikomodelle berücksichtigen. Um **langfristige Stabilität** und **Nachhaltigkeit** zu gewährleisten, müssen Versicherer ESG-Risiken als Teil ihres **Risikomanagements** einbeziehen.

- **Beispiel:** Die Berücksichtigung von **Umweltgefahren** (z. B. **Überschwemmungen, Stürme**) und deren **Finanzrisiken** bei der Preisgestaltung von Versicherungen.

b) Nachhaltige Versicherungsprodukte:

- Versicherer entwickeln zunehmend **nachhaltige Versicherungsprodukte**, die **umweltfreundliche** oder **gesellschaftlich verantwortungsbewusste Praktiken** fördern.

- **Beispiel: Grüne Versicherungen** für Unternehmen, die in erneuerbare Energien investieren, oder **Versicherungsprodukte**, die **ökologische Katastrophen** abdecken und damit den **Umweltschutz** fördern.

c) Nachhaltige Investitionen:

- Versicherer tätigen enorme **Investitionen**, insbesondere in **Anleihen, Aktien** und **Immobilien.** Viele Versicherungsunternehmen haben begonnen, ihre **Investitionsportfolios** auf **nachhaltige** und **ethisch verantwortliche** Kriterien auszurichten.

- **Beispiel:** Investitionen in **grüne Anleihen, Solarenergie**-Projekte oder **nachhaltige Infrastruktur**, die mit **ESG-Kriterien** übereinstimmen. Auch **Divestment-Strategien** werden zunehmend von Versicherern verfolgt, um sich aus Investitionen in **umweltschädliche Industrien** wie **Kohle** oder **Öl** zurückzuziehen.

d) Transparenz und Berichterstattung:

- Versicherungsunternehmen sind zunehmend verpflichtet, **ESG-Berichterstattung** zu leisten. Dies umfasst die **offenlegung** von **Umweltauswirkungen, sozialer Verantwortung** und **guter Unternehmensführung**.

- **Beispiel:** Viele Unternehmen folgen inzwischen den **ESG-Standards** wie den **Sustainable Development Goals (SDGs)** der **Vereinten Nationen** und berichten regelmäßig über ihre **nachhaltigen Praktiken** und **Investitionen** in ihren Jahresberichten.

3. Herausforderungen bei der Implementierung von ESG in der Versicherungsbranche

a) Fehlen standardisierter ESG-Richtlinien:

- In vielen Märkten gibt es noch keinen **globalen Standard** für die **Messung und Berichterstattung** von ESG-Kriterien. Versicherer müssen klare und standardisierte **Richtlinien** entwickeln, um ihre ESG-Initiativen richtig zu messen und zu kommunizieren.

b) Komplexität bei der Risikobewertung:

- Es ist schwierig, ESG-Risiken wie den **Klimawandel** genau zu bewerten, insbesondere in einer **unsicheren und dynamischen Welt**, in der Umweltkatastrophen und gesellschaftliche Herausforderungen zunehmend komplex und schwer vorhersehbar sind.

c) Mangelnde Akzeptanz und Widerstand von Stakeholdern:

- Es gibt immer noch **Widerstand** von **Investoren** und **Unternehmen**, die **kurzfristige Gewinne** über **langfristige Nachhaltigkeit** stellen. Einige Versicherer könnten zögern, in nachhaltige Projekte zu investieren, wenn diese als **weniger profitabel** oder **risikoreicher** gelten.

d) Datenqualität und -verfügbarkeit:

- ESG-Daten sind oft **unvollständig** oder **ungenau**, was es schwierig macht, eine präzise und fundierte **Risikoanalyse** durchzuführen. Ein weiterer Aspekt ist die **Verfügbarkeit** von **verlässlichen** und **verifizierbaren Daten**, die für eine konsistente **ESG-Berichterstattung** erforderlich sind.

4. Chancen durch ESG in der Versicherungsbranche

a) Wettbewerbsvorteil durch Nachhaltigkeit:

- Versicherer, die ESG-Kriterien frühzeitig in ihre **Produktentwicklung** und **Investitionsstrategien** integrieren, können sich einen **Wettbewerbsvorteil** verschaffen. Verbraucher und Unternehmen bevorzugen zunehmend Anbieter, die **Nachhaltigkeit** und **gesellschaftliche Verantwortung** ernst nehmen.

b) Langfristige Rentabilität durch nachhaltige Investitionen:

- Durch die **Förderung grüner Investitionen** und die Integration von **ESG-Kriterien** können Versicherungsunternehmen die langfristige Rentabilität steigern. Sie können ihre Portfolios diversifizieren und in wachstumsstarke, **nachhaltige Branchen** investieren.

c) Verbesserung der Risikomodelle:

- Die Berücksichtigung von ESG-Faktoren kann den Versicherern helfen, **bessere Risikomodelle** zu entwickeln, insbesondere im Hinblick auf **Klimarisiken** und die **Langfristigkeit von Versicherungsprodukten**. Dies führt zu einer stabileren Finanzlage und einer besseren Absicherung gegen **unkontrollierbare Risiken**.

Die Integration von **Nachhaltigkeit** und **ESG-Kriterien** in die **Versicherungsbranche** ist nicht nur eine ethische Verpflichtung, sondern auch eine geschäftliche Notwendigkeit. Versicherer, die ESG-Praktiken effektiv umsetzen, können nicht nur ihr **Risiko** besser managen und ihre **Reputation** verbessern, sondern auch **langfristige Geschäftschancen** schaffen. In einer Welt, die zunehmend auf **Nachhaltigkeit** setzt, wird die Versicherungsbranche eine Schlüsselrolle dabei spielen, **grüne und verantwortungsbewusste Initiativen** zu fördern und gleichzeitig die **finanzielle Stabilität** der Branche zu sichern.

Durch die kontinuierliche Weiterentwicklung von **ESG-Investitionen**, die **Förderung von nachhaltigen Versicherungslösungen** und die **Stärkung der Governance-Praktiken** wird die Versicherungsbranche in den kommenden Jahren zu einem **wichtigen Akteur** in der globalen Bewegung hin zu einer nachhaltigeren und gerechteren Welt.

Industrie 6.0 repräsentiert eine **neue Ära** in der industriellen Entwicklung, die durch **intelligente, vernetzte** und **autonome Systeme** geprägt ist. Diese Ära setzt auf die Integration von **Künstlicher Intelligenz (KI)**, **Internet der Dinge (IoT)** und **autonomen Systemen**, die zusammen eine **hochgradig automatisierte und nachhaltige industrielle Umgebung** schaffen sollen.

Im Kontext dieser Technologien und Entwicklungen spielt **Nachhaltigkeit** sowie die Berücksichtigung von **ESG-Kriterien (Environmental, Social, Governance)** eine **entscheidende Rolle**, da die Herausforderungen und Möglichkeiten, die mit Industrie 6.0 einhergehen, eng mit den Zielen einer nachhaltigeren und verantwortungsbewussteren Wirtschaft verknüpft sind.

1. ESG und Nachhaltigkeit als Grundlage für Industrie 6.0

ESG-Kriterien und **Nachhaltigkeit** sind nicht nur gesellschaftliche und ethische Erwartungen, sondern auch **wirtschaftliche Notwendigkeit**. In einer zunehmend vernetzten und datengesteuerten Welt ist es für Unternehmen unerlässlich, **verantwortungsvoll** zu handeln, um **Wettbewerbsfähigkeit** und **langfristige Rentabilität** zu sichern.

In Bezug auf **Industrie 6.0** ist **Nachhaltigkeit** und die **Integration von ESG-Kriterien** von grundlegender Bedeutung, da diese Technologien in der Lage sind, sowohl **umweltfreundliche** als auch **soziale und ethische** Prinzipien in Produktionsprozesse, Geschäftsmodelle und Geschäftsstrategien zu integrieren.

Bezug zu Umwelt (Environmental):

- **Industrie 6.0** setzt auf **umweltfreundliche Technologien** und **ressourcenschonende Prozesse**. **Autonome Systeme, KI** und **IoT** können dazu beitragen, den **Energieverbrauch** zu optimieren, die **Abfallproduktion** zu minimieren und die **CO2-Emissionen** zu reduzieren.
    - **Beispiel:** Durch den Einsatz von **Smart Manufacturing** können Produktionsprozesse in Echtzeit angepasst werden, um Energie und Ressourcen effizienter zu nutzen.
    - **Erneuerbare Energien**: Durch intelligente Steuerungssysteme in der **Fertigung** und den **Produktionsprozessen** können Unternehmen ihren **Energieverbrauch** durch **solarbetriebene Maschinen** oder **windkraftbasierte Produktionsanlagen** optimieren.

Bezug zu Sozialen Aspekten (Social):

- In **Industrie 6.0** wird zunehmend auf **vernetzte Arbeitsplätze** gesetzt, bei denen **Mensch und Maschine** zusammenarbeiten. Hierbei wird **die soziale Verantwortung** durch die **Integration von ethischen Arbeitsbedingungen** und die Förderung von **Diversität und Inklusion** in der digitalen Welt gefördert.
    - **Beispiel:** Der **Einsatz von KI** zur Schaffung besserer Arbeitsbedingungen und zur Unterstützung von **Arbeitern** in gefährlichen Umgebungen, wie es in der **industriellen Fertigung** der Fall sein könnte, wird durch **Industrieroboter** und **Automatisierungssysteme** ermöglicht, die gefährliche Arbeiten übernehmen.
    - **Erweiterte Arbeitnehmerbildung:** Industrie 6.0 fördert auch die **digitale Weiterbildung** von Arbeitern und bietet **Aufstiegsmöglichkeiten** in eine neue Ära der **technologieorientierten Arbeitsplätze**, die zunehmend **hochqualifizierte Fachkräfte** benötigt.

Bezug zu Governance (Governance):

- **Industrie 6.0** erfordert **verantwortungsvolle Unternehmensführung**, die auf **Transparenz**, **Ethik** und **Zuverlässigkeit** ausgerichtet ist. Der Einsatz von Technologien wie **Blockchain** und **Smart Contracts** hilft, die **Unternehmensführung** zu verbessern, indem er **Betrugsrisiken** verringert und **Verantwortlichkeiten** nachvollziehbar macht.
    - **Beispiel:** Der Einsatz von **Blockchain**-Technologie ermöglicht es Unternehmen, ihre **Geschäftsprozesse** transparenter zu gestalten und gleichzeitig den **Datenmissbrauch** zu verhindern. Das schafft Vertrauen bei den **Kunden** und **Investoren** und stellt sicher, dass Unternehmen nicht nur im Einklang mit den **gesetzlichen Vorschriften** handeln, sondern auch **gesellschaftliche Verantwortung** übernehmen.

2. Wie Industrie 6.0 ESG-Kriterien vorantreibt

Industrie 6.0 wird die Entwicklung und Umsetzung von **ESG-Kriterien** weiter beschleunigen, indem sie die **Technologien** bereitstellt, die es Unternehmen ermöglichen, ihre Geschäftsprozesse nachhaltig zu gestalten und gleichzeitig die **Gesellschaft** und **Umwelt** zu schützen. In einer Welt, die von **automatisierten Systemen**, **intelligenter Vernetzung** und **datengetriebenen Entscheidungen** geprägt ist, werden ESG-Initiativen zunehmend technologische Lösungen finden, die Effizienz und Nachhaltigkeit verbessern.

a) Umwelt (Environmental) und Technologie:

- Die Technologie von **Industrie 6.0** hat das Potenzial, die **umweltfreundlichsten** Produktionsmethoden zu entwickeln. Durch die Kombination von **KI** und **IoT** können Unternehmen Ressourcen in Echtzeit überwachen und anpassen, um Energieverbrauch und Emissionen zu reduzieren.

- **Grüne Fertigung:** Unternehmen, die **umweltfreundliche Technologien** einsetzen, können durch die Nutzung von **intelligenten Fabriken** und **Autonomer Fertigung** ihre Umweltbelastung minimieren, indem sie Emissionen und Abfall reduzieren und gleichzeitig den **Energieverbrauch optimieren**.

- **Beispiel:** Eine **intelligente Fabrik**, die mit **Solarenergie betrieben wird** und durch **IoT-Sensoren** gesteuert wird, kann den Produktionsprozess optimieren, Energieverschwendung verhindern und auf **saubere Energiequellen** setzen, die sowohl die Umwelt als auch den Energieverbrauch schonen.

b) Gesellschaft (Social) und Technologie:

- **Industrie 6.0** ermöglicht eine **stärkere soziale Verantwortung** durch den Einsatz von Technologien, die das **Arbeitsumfeld verbessern** und die **Chancengleichheit** fördern. Technologien wie **KI** und **Automatisierung** können dazu beitragen, Arbeitern in gefährlichen Bereichen bessere Sicherheitsstandards zu bieten und gleichzeitig die **Arbeitsbedingungen zu verbessern**.

- Die verstärkte **Mensch-Maschine-Kollaboration** bietet eine **faire Chance für Arbeitnehmer**, ihre Fähigkeiten zu verbessern und in einer zunehmend digitalen Welt wettbewerbsfähig zu bleiben.

- **Beispiel:** Roboter und **KI-gestützte Systeme** können gefährliche oder körperlich anstrengende Aufgaben übernehmen, während Menschen sich auf **kreative und strategische** Tätigkeiten konzentrieren. Dies führt zu einer **Besseren Work-Life-Balance** und einer **höheren Arbeitsplatzsicherheit**.

c) Governance (Governance) und Technologie:

- **Industrie 6.0** wird durch den Einsatz von **Blockchain** und **Smart Contracts** eine **bessere Unternehmensführung** ermöglichen, da diese Technologien eine **unveränderliche und transparente Aufzeichnung** aller Geschäftsvorgänge bieten.

- Unternehmen können dadurch sicherstellen, dass ihre **Managementpraktiken**, **Compliance**-Strategien und **Ethikstandards** transparent und nachvollziehbar sind.

- **Beispiel:** Ein **Smart Contract** für eine **Lieferkette** könnte automatisch ausgelöst werden, wenn alle Bedingungen erfüllt sind (z. B. eine Lieferung von umweltfreundlichen Materialien). Gleichzeitig werden alle Schritte auf der **Blockchain** gespeichert, sodass der Prozess jederzeit nachverfolgt werden kann.

3. Die Rolle von Versicherungen in der Industrie 6.0 in Bezug auf ESG

Die **Versicherungsbranche** spielt eine entscheidende Rolle in der **Umsetzung von ESG-Kriterien** innerhalb von Industrie 6.0. Versicherer werden zunehmend **Verantwortung übernehmen**, indem sie Produkte und Dienstleistungen anbieten, die **nachhaltige Praktiken** fördern und gleichzeitig **Risikomanagement** betreiben.

a) Grüne Versicherungsprodukte:

- Versicherer könnten **grüne Versicherungslösungen** entwickeln, die speziell darauf ausgelegt sind, Unternehmen zu unterstützen, die in nachhaltige Projekte oder **erneuerbare Energiequellen** investieren.
- **Beispiel: Erneuerbare-Energien-Versicherungen** für **Solaranlagen** oder **Windkraftanlagen** könnten angeboten werden, um Unternehmen zu schützen, die auf umweltfreundliche Energiequellen setzen.

b) Integration von ESG-Kriterien in die Risikomodelle der Versicherer:

- Versicherer müssen ihre **Risikomodelle** an die Auswirkungen des **Klimawandels** und anderer ESG-Risiken anpassen. Dazu gehört die Berücksichtigung von **Umweltrisiken** (z. B. Naturkatastrophen), **sozialen Risiken** (z. B. Arbeitspraktiken) und **Governance-Risiken** (z. B. Korruption).
- **Beispiel:** Ein Versicherer könnte eine **Klimarisiko-Versicherung** entwickeln, die Unternehmen vor den finanziellen Folgen von **Naturkatastrophen** schützt, die durch den **Klimawandel** verstärkt werden.

Industrie 6.0 und **ESG-Kriterien** sind nicht nur miteinander vereinbar, sondern bedingen sich sogar gegenseitig. Die Technologien und Praktiken von Industrie 6.0 ermöglichen eine **nachhaltige Entwicklung**, die sowohl **Umwelt**- als auch **Sozial- und Governance-Faktoren** berücksichtigt. Durch den Einsatz fortschrittlicher Technologien wie **KI**, **Blockchain** und **IoT** wird die Versicherungsbranche in der Lage sein, **nachhaltige und transparente Lösungen** anzubieten, die zur **Reduktion von Risiken** und zur **Förderung von verantwortungsbewusstem Handeln** beitragen. Die Integration von ESG-Kriterien in die Geschäftsmodelle von Unternehmen und die Versicherungsbranche wird nicht nur zu einer besseren **Risikoverwaltung** führen, sondern auch zu einer **gerechteren und nachhaltigeren Welt**.

Kapitel 14
Versicherungen für neue Technologien

Mit der rasanten Entwicklung neuer **Technologien** in der modernen Welt entstehen ständig neue **Risiken** und **Versicherungsbedürfnisse**. **Industrie 6.0**, gekennzeichnet durch die **Vernetzung**, **Automatisierung** und den **Einsatz von Künstlicher Intelligenz (KI)**, stellt die Versicherungsbranche vor völlig neue Herausforderungen.

Die **Versicherung für neue Technologien** wird zunehmend wichtiger, da Unternehmen und Privatpersonen sich immer stärker auf Technologien wie **autonome Fahrzeuge**, **Drohnen**, **Künstliche Intelligenz (KI)** und **Robotik** verlassen. Diese Technologien schaffen neue Risiken, aber auch neue Chancen für Versicherer, innovative Produkte zu entwickeln, die den spezifischen Anforderungen dieser Innovationen gerecht werden.

In diesem Kapitel betrachten wir die Versicherungen, die für **neue Technologien** erforderlich sind, wie Versicherer diese Technologien in ihre **Produkte** integrieren und welche Risiken versichert werden müssen.

1. Versicherung für autonome Fahrzeuge

Die Einführung von **autonomen Fahrzeugen** wird nicht nur die Art und Weise, wie Menschen sich fortbewegen, revolutionieren, sondern auch neue **Versicherungsmodelle** erforderlich machen. Die Technologie, die es Fahrzeugen ermöglicht, **selbstständig zu fahren**, wird bestehende **Haftpflichtversicherungen** infrage stellen und neue Herausforderungen für die Regulierung und Risikoverlagerung aufwerfen.

Versicherungslösungen für autonome Fahrzeuge:

- **Haftpflichtversicherung:** In einer Welt mit **selbstfahrenden Autos** stellt sich die Frage, wer für Schäden verantwortlich ist – der **Fahrzeughalter**, der **Hersteller** des autonomen Fahrzeugs oder der **Softwareanbieter**? Diese Unsicherheit führt zu neuen Haftungsfragen und erfordert die Entwicklung spezieller **Haftpflichtversicherungen** für autonom fahrende Fahrzeuge.
    - **Beispiel:** Wenn ein autonomes Fahrzeug in einen Unfall verwickelt wird, könnte die Haftpflichtversicherung des Fahrzeugbesitzers für Schäden an Dritten zuständig sein, aber der Hersteller oder der Entwickler der KI könnte auch in Haftung genommen werden, wenn der Unfall durch einen **Fehler** im **Softwarecode** verursacht wurde.

- **Cyberversicherung:** Da autonome Fahrzeuge auf umfangreiche **Software** und **Vernetzung** angewiesen sind, werden **Cyberrisiken** zu einem zentralen Thema. **Hackerangriffe**, die in das System eines autonomen Fahrzeugs eingreifen und es kontrollieren, stellen eine erhebliche Bedrohung dar. Cyberversicherungen, die speziell auf diese Risiken abzielen, müssen entwickelt werden, um Schäden und Haftung im Falle von **Cyberangriffen** oder **Systemfehlern** zu decken.
    - **Beispiel:** Ein autonomes Fahrzeug könnte durch einen **Hackerangriff** in einen Unfall verwickelt werden. Eine **Cyberversicherung** würde Schäden am Fahrzeug und Haftung für den Vorfall abdecken.

- **Produkthaftpflicht:** Da die **Autonomie** der Fahrzeuge durch **Software** gesteuert wird, müssen Versicherer **Produkthaftpflichtversicherungen** für Hersteller und Softwareentwickler anbieten. Diese Versicherungen decken Schäden ab, die durch **Fehler** in der **Fahrzeugtechnik** oder **Fehlfunktionen der Software** entstehen.
    - **Beispiel:** Ein Fehler in der Software eines autonomen Fahrzeugs, der zu einem Unfall führt, könnte durch eine Produkthaftpflichtversicherung des Herstellers abgedeckt werden.

2. Versicherungen für Drohnen

Drohnen haben sich nicht nur in der **Luftfahrt**, sondern auch in Bereichen wie **Landwirtschaft**, **Lieferung** und **Fotografie** zunehmend etabliert. Die Nutzung von **Drohnen** in kommerziellen und privaten Bereichen hat neue Risiken geschaffen, die durch speziell zugeschnittene Versicherungsprodukte abgedeckt werden müssen.

Versicherungslösungen für Drohnen:

- **Haftpflichtversicherung:** Die größte Versicherungslücke für Drohnenbetreiber besteht in der Haftung für **Schäden**, die Drohnen **an Dritten** oder deren **Eigentum** verursachen können. **Haftpflichtversicherungen** für Drohnen decken Schäden ab, die durch den Betrieb der Drohne verursacht werden, sei es durch **Kollisionen**, **Unfälle** oder **Datenverlust**.
  - **Beispiel:** Wenn eine Drohne während des Betriebs in ein **Fenster** fliegt oder auf einem **privaten Grundstück** landet, könnte die Haftpflichtversicherung des Drohnenbetreibers die Schäden abdecken.

- **Vermögens- und Sachversicherung:** Drohnen sind wertvolle Geräte, die durch **Unfälle**, **Witterungseinflüsse** oder **Diebstahl** beschädigt oder zerstört werden können. Eine **Vermögensversicherung** für Drohnen schützt den Eigentümer vor den finanziellen Folgen der Beschädigung oder des Verlustes der Drohne.
  - **Beispiel:** Wenn eine **Lieferdrohne** während eines Einsatzes einen **Technikfehler** hat und abstürzt, wird die **Sachversicherung** die Reparaturkosten oder den Ersatz der Drohne übernehmen.

- **Cyberversicherung:** Da Drohnen häufig mit **Cloud-Servern** und **Navigationssystemen** verbunden sind, sind sie anfällig für **Cyberangriffe**. Eine **Cyberversicherung** für Drohnenbetreiber könnte Risiken abdecken, die durch **Hackerangriffe** auf Drohnen-Software oder **Datenverluste** entstehen.
    - **Beispiel:** Ein Angriff auf die **Drohnensteuerung** durch Hacker könnte dazu führen, dass die Drohne von ihrer vorgesehenen Flugbahn abweicht und Schäden verursacht. Die **Cyberversicherung** würde hier die Haftung und Reparaturen abdecken.

3. Versicherungen für Künstliche Intelligenz (KI) und Automatisierung

Die Einführung von **Künstlicher Intelligenz (KI)** und **Automatisierung** verändert nicht nur die Produktion und Fertigung, sondern hat auch tiefgreifende Auswirkungen auf die **Versicherungsbranche**. Versicherer müssen neue Produkte entwickeln, die speziell auf **KI-gesteuerte Systeme** und die damit verbundenen **Risiken** eingehen.

Versicherungslösungen für KI und Automatisierung:

- **Fehler und Haftung:** KI-Systeme können Fehler machen, die zu **Schäden** oder **Verluste** führen. Versicherungen für KI müssen speziell darauf ausgelegt werden, Fehler, die durch **Algorithmen** oder **Automatisierung** entstehen, abzudecken.
    - **Beispiel:** In einer **automatisierten Fertigungsanlage**, in der KI-gesteuerte Roboter eingesetzt werden, könnte ein **Fehler im Algorithmus** zu einem **Produktionsstopp** oder einer **Produktfehler** führen. Eine Versicherung für KI-Systeme würde diese **Haftung** abdecken.

- **Cyberversicherung:** Da KI-Systeme in der Regel **vernetzt** sind und **Daten verarbeiten**, sind sie anfällig für **Cyberangriffe**. Unternehmen, die **KI-basierte Produkte** entwickeln oder betreiben, müssen sich gegen **Angriffe** auf ihre Systeme und Daten schützen.
    - **Beispiel:** Ein **KI-gesteuertes System** zur **Verarbeitung von Kundendaten** könnte durch **Hackerangriffe** kompromittiert werden, was zu **Datenlecks** und **Vertrauensverlust** führt. Eine **Cyberversicherung** würde die **Haftung** und **Schäden** in einem solchen Fall abdecken.

- **Produkthaftpflichtversicherung für KI-Produkte:** Unternehmen, die **KI-Produkte** entwickeln, müssen sich gegen die Risiken absichern, die durch Fehler in der KI-Technologie oder deren Implementierung entstehen können. Hier ist eine **Produkthaftpflichtversicherung** für KI-Produkte erforderlich.
    - **Beispiel:** Ein **autonomes Navigationssystem**, das von einer KI gesteuert wird, könnte eine Fehlfunktion aufweisen, die zu einem **Unfall** oder **Schaden** führt. Die Produkthaftpflichtversicherung würde in diesem Fall für die **Kosten der Schadenregulierung** aufkommen.

4. Versicherungen für Robotik und Automation

Die **Robotik** und **Automatisierung** sind in vielen Industrien, von der **Fertigung** bis hin zur **Medizin**, auf dem Vormarsch. Roboter, die immer komplexere Aufgaben übernehmen, stellen eine **neue Versicherungslücke** dar, die durch spezialisierte Produkte abgedeckt werden muss.

Versicherungslösungen für Robotik:

- **Betriebsunterbrechungsversicherung:** Roboter, die in der Produktion eingesetzt werden, können zu **Betriebsunterbrechungen** führen, wenn sie ausfallen. Eine **Betriebsunterbrechungsversicherung** für die **Robotikindustrie** schützt vor finanziellen Verlusten, die durch den Ausfall von Automatisierungssystemen entstehen.
    - **Beispiel:** Ein Roboter in einer **Fertigungslinie** könnte aufgrund eines **Systemausfalls** in einer wichtigen Produktionsphase versagen. Eine Betriebsunterbrechungsversicherung würde den **Produktionsausfall** und die **damit verbundenen Kosten** abdecken.

- **Maschinenversicherung: Robotersysteme** sind komplexe Maschinen, die ebenso wie traditionelle Produktionsmaschinen gegen **Schäden** oder **Fehlfunktionen** abgesichert werden müssen.
  - **Beispiel:** Ein **Industrieroboter**, der in einer **Automobilfabrik** eingesetzt wird, könnte durch einen **Fehler in der Steuerung** beschädigt werden. Eine Maschinenversicherung deckt den **Schaden** an der **Produktionsausrüstung** und den **Arbeitsausfall** ab.

Die Entwicklung neuer Technologien wie **autonome Fahrzeuge**, **Drohnen**, **KI** und **Robotik** hat die **Versicherungsbranche** vor neue Herausforderungen gestellt. Versicherungen müssen zunehmend spezialisierte Produkte entwickeln, um die **neuen Risiken**, die mit diesen Technologien verbunden sind, abzudecken. Die Versicherungsbranche reagiert mit

Kapitel 15
Die Entwicklung der Betriebsunterbrechungsversicherung von Industrie 1.0 bis 6.0 und die Rolle des Business Continuity Managements (BCM)

Die **Betriebsunterbrechungsversicherung** ist eine der ältesten Versicherungsarten, die als eine wichtige Absicherung für Unternehmen gegen **unerwartete Ausfälle** dient.

Ihre Ursprünge reichen bis in die frühen Jahre der **Industrialisierung**, aber ihre Entwicklung und Bedeutung haben sich mit den **technologischen, gesellschaftlichen und wirtschaftlichen Veränderungen** der verschiedenen Industrieepochen maßgeblich verändert.

In diesem Kapitel werfen wir einen Blick auf die **Entwicklung der Betriebsunterbrechungsversicherung** von **Industrie 1.0** bis **Industrie 6.0** und betrachten, welche Rolle **Business Continuity Management (BCM)** dabei spielt, um die **Zukunft der BUV** zu gestalten.

1. Die Entstehung der Betriebsunterbrechungsversicherung in Industrie 1.0

In der **Industrie 1.0** begann die industrielle Revolution in Europa und Nordamerika. Die ersten Produktionsstätten, insbesondere **Manufakturen**, begannen in großen Fabriken konzentriert zu werden. Die wichtigsten Risiken zu dieser Zeit waren **Feuer**, **Wasserschäden** und **Maschinenschäden**, da **Fabriken** oft mit **feuergefährlichen Materialien** arbeiteten und **mechanische Maschinen** die Produktion bestimmten.

Entwicklung der BUV in Industrie 1.0:

- **Feuerversicherungen:** Zunächst war die **Feuerversicherung** die wichtigste Absicherung für Unternehmen. Die verheerenden **Feuerkatastrophen** in den frühen Fabriken führten dazu, dass Unternehmen begannen, **Feuerversicherungen** abzuschließen, die ihnen halfen, finanzielle Verluste durch **Betriebsstillstände** aufgrund von Bränden zu decken.

- **Erste Betriebsunterbrechungsversicherungen:** Diese frühen Versicherungen umfassten noch nicht die spezifische **Betriebsunterbrechung**, sondern betrachteten den **Versicherungsfall** eher als reinen **Sachschaden**. Die Idee einer **BUV**, die nicht nur den Sachschaden, sondern auch die **finanziellen Verluste aufgrund von Stillständen** abdeckt, nahm in dieser Zeit langsam Form an, allerdings war das Angebot noch rudimentär und stark an **Feuerversicherungen** gebunden.

Herausforderungen in Industrie 1.0:

- Die genaue **Ermittlung** von **Betriebsstillständen** und **finanziellen Verlusten** war noch nicht etabliert. Die **Prozesse** und **Produktionstechniken** waren noch sehr primitiv, was es schwierig machte, präzise Versicherungsmodelle für Betriebsunterbrechungen zu entwickeln.

2. Die Weiterentwicklung in Industrie 2.0 bis 4.0

Mit der **Industrie 2.0** (Ende des 19. Jahrhunderts bis Mitte des 20. Jahrhunderts) und der **Industrie 3.0** (1970er Jahre bis 2000er Jahre), in denen die **Elektrifizierung**, **Massenproduktion** und später **Computerisierung** und **Automatisierung** eine zentrale Rolle spielten, entwickelte sich die **Betriebsunterbrechungsversicherung** weiter. Sie begann, sich von einer rein **Sachversicherung** zu einer umfassenderen **Absicherung** gegen Produktions- und **Finanzverlusten** aufgrund von Betriebsstörungen zu entwickeln.

Entwicklung in Industrie 2.0:

- **Technologische Fortschritte und neue Risiken:** Die zunehmende **Mechanisierung** und der Einsatz von **Maschinen** führten zu einem **neuen Risiko**: Maschinen könnten stillstehen, was die gesamte Produktionskette lahmlegen würde. In dieser Zeit gewann die BUV an Bedeutung, da sie nicht nur **Sachschäden** abdeckte, sondern auch **Ertragsausfälle** durch Betriebsstillstände durch **Maschinenfehler** oder **Störungen**.

- **Versicherungsprodukte:** Versicherer begannen, **ertragsabhängige Versicherungen** zu entwickeln, die Unternehmen für Produktionsausfälle entschädigten. Der **Versicherungsschutz** für Betriebsunterbrechungen passte sich der **größeren Komplexität** der Betriebsabläufe und den **neuen Technologien** an.

Entwicklung in Industrie 3.0:

- **Globalisierung und IT-Integration:** Mit dem Aufkommen von **IT-Systemen** und **globalisierten Lieferketten** in der **Industrie 3.0** wuchsen die Risiken für Unternehmen weiter. **Cyberangriffe, Störungen in globalen Lieferketten** oder die **Abhängigkeit von computergestützten Prozessen** machten Unternehmen anfällig für neue Arten der **Betriebsunterbrechung**.

- **Erweiterte BU-Produkte:** Die BU begann, **cyberbedingte Störungen** und **Lieferkettenprobleme** einzubeziehen. Versicherer passten ihre Produkte an, um die finanziellen Verluste durch diese neuartigen **Betriebsunterbrechungen** zu decken.

Herausforderungen in Industrie 3.0:

- Die **digitale Transformation** führte zu einer **neuen Art von Risiken**, die schwer quantifizierbar waren. **Cyberangriffe** und die **Abhängigkeit von IT-Systemen** machten es notwendig, spezialisierte **Cyber-Versicherungen** und eine genauere Betrachtung der Risiken durch **Business Continuity Management (BCM)** zu entwickeln.

3. Die Betriebsunterbrechungsversicherung in Industrie 4.0 und 5.0

Mit dem Aufkommen von **Industrie 4.0** und der zunehmend vernetzten, **automatisierten und datengetriebenen Welt** haben sich die Herausforderungen für die **Betriebsunterbrechungsversicherung** noch weiter verkompliziert. Der Fokus liegt jetzt auf der **Integration von Internet der Dinge (IoT), Künstlicher Intelligenz (KI)** und **Big Data**, was nicht nur neue **technologische Risiken** schafft, sondern auch völlig neue **Arten von Betriebsunterbrechungen** und **Unternehmensszenarien**.

Entwicklung in Industrie 4.0:

- **Vernetzte Produktion:** In Industrie 4.0 sind Unternehmen zunehmend auf **vernetzte Maschinen**, **Automatisierung** und **Big Data** angewiesen. Der Ausfall eines einzelnen Systems kann **gravierende Auswirkungen** auf die gesamte Produktion und den Betriebsablauf haben.

- **Spezialisierte BUV-Produkte:** Um diesen neuen Anforderungen gerecht zu werden, müssen Versicherer ihre BUV-Produkte weiter anpassen, um **Risiken durch cyberbedingte Unterbrechungen**, **Systemausfälle** und **Lieferkettenprobleme** abzudecken. Versicherer bieten mittlerweile **massgeschneiderte Lösungen** an, die sowohl **IT-Ausfälle** als auch **automatisierte Produktionsausfälle** abdecken.

Business Continuity Management (BCM):

BCM ist in der **Industrie 4.0** von zentraler Bedeutung, da Unternehmen darauf angewiesen sind, ihre **Betriebsabläufe** kontinuierlich aufrechtzuerhalten. **BCM** hilft dabei, potenzielle **Betriebsunterbrechungen** zu minimieren und **Notfallpläne** für **digitale** und **physische Risiken** zu entwickeln.

Beispiel: Das **BCM** umfasst die **Risikobewertung** und die **Notfallstrategien** für den Fall eines Ausfalls von **Cloud-Diensten**, **cyberbedingten Angriffen** oder **automatisierten Maschinen**.
Herausforderungen in Industrie 4.0:

Unvorhergesehene Risiken durch **vernetzte Systeme** und **Automatisierung** stellen eine Herausforderung für Unternehmen dar, da **Betriebsunterbrechungen** zu **finanziellen Verlusten** führen können, die durch herkömmliche BUV-Produkte nicht vollständig abgedeckt werden.

4. Die Betriebsunterbrechungsversicherung in Industrie 6.0:

Industrie 6.0, die **nächste Stufe der industriellen Revolution**, wird von **autonomen Systemen, KI, Blockchain** und **hypervernetzten Prozessen** geprägt.

Hier wird die **Betriebsunterbrechungsversicherung** eine noch zentralere Rolle spielen, da Unternehmen zunehmend auf **technologische Infrastruktur** angewiesen sind, die anfällig für **Systemausfälle, Cyberangriffe** und **unvorhergesehene technologische Disruptionen** ist.

Entwicklung der BUV in Industrie 6.0:

- **Autonome Systeme und KI**: Unternehmen, die auf **autonome Roboter, KI-gestützte Entscheidungsfindung** und **Blockchain-basierte Systeme** setzen, benötigen Versicherungen, die speziell auf **KI-Ausfälle** oder **Blockchain-Fehler** zugeschnitten sind.

- **Betriebsunterbrechung durch digitale Infrastruktur**: **Cloud-Dienste**, **Big Data** und **IoT** machen den Betrieb von Unternehmen extrem abhängig von digitalen Plattformen. Ein Ausfall einer solchen Infrastruktur könnte das gesamte Unternehmen lahmlegen. Die BUV muss diese Risiken berücksichtigen und speziell **Cyber-Versicherungen** und **Unterbrechungsversicherungen für digitale Infrastrukturen** integrieren.

Rolle von BCM in Industrie 6.0:

- **BCM in Industrie 6.0** wird nicht nur die **Sicherung der Produktionsprozesse** abdecken, sondern auch die **Sicherstellung der Datenintegrität** und die **Wiederherstellung nach einem digitalen Angriff**. Es wird erwartet, dass Unternehmen umfassende **Notfallpläne** entwickeln, die **automatisierte und KI-gesteuerte Prozesse** in Echtzeit überwachen und bei Aus

Ein Ausblick

Die Einführung von **Künstlicher Intelligenz (KI)** und **Autonomisierung** in der Industrie wird die Art und Weise, wie Maschinen betrieben werden, erheblich verändern. Maschinen, die rund um die Uhr laufen, ohne die traditionellen Pausen oder Wartungszeiten, die in der Vergangenheit erforderlich waren, stellen eine neue Herausforderung für die **Versicherungslandschaft** dar – insbesondere für **Feuerversicherungen**, **Betriebsunterbrechungsversicherungen** und **Lieferkettenabsicherung**.

Hier sind die wichtigsten Auswirkungen und Überlegungen, die sich aus der **24/7-Betriebsweise** von Maschinen ergeben:

1. Auswirkungen auf die Versicherungslandschaft

a) Feuerversicherung

Traditionell berücksichtigen **Feuerversicherungen** die Risiken, die durch **Betriebsunterbrechungen** aufgrund von **Brandgefahr** entstehen, insbesondere in **Fabriken**, **Lagerhäusern** und **Produktionsanlagen**, die oft Maschinen mit **hohem Energieverbrauch** betreiben. Diese Maschinen erfordern in der Regel **Wartungszeiten** und **Pausen**, um Überhitzung oder **Fehlfunktionen** zu vermeiden.

Mit der Einführung von **KI-gesteuerten Maschinen**, die **ununterbrochen** arbeiten, könnten **Feuerversicherer** mit einer neuen **Risikoerhöhung** konfrontiert werden, da Maschinen potenziell **längere Betriebszeiten** und damit auch eine **höhere Wahrscheinlichkeit für Fehler** oder **Überhitzung** haben.

Maschinen, die rund um die Uhr laufen, müssen **intelligente Kühltechnologien** und **schnelle Fehlererkennungssysteme** integrieren, um Risiken wie **Überhitzung**, **Brandgefahr** oder **Technikfehler** zu minimieren.

- **Risiken:** Der **24/7-Betrieb** könnte zu einer höheren **Brandgefahr** führen, da es weniger Zeit für präventive Wartung gibt. Die **kumulative Belastung** über längere Betriebszeiten hinweg könnte Fehler oder **Störungen** verursachen, die zu **Bränden** führen könnten.

- **Versicherungslösungen:** Versicherer könnten **angepasste Feuerversicherungen** entwickeln, die speziell auf den **ununterbrochenen Betrieb** und **höheren Wartungsbedarf** bei KI-gesteuerten Maschinen abzielen. Hierbei könnten **Risikoanalysen** und **Fernüberwachungssysteme** eine größere Rolle spielen, um frühzeitig auf **technische Defekte** oder **Überhitzung** hinzuweisen und Risiken zu minimieren.

b) Betriebsunterbrechungsversicherung

Die **Betriebsunterbrechungsversicherung** ist besonders betroffen, wenn Maschinen ununterbrochen arbeiten und **Produktionsprozesse** zunehmend autonom werden. Eine kontinuierliche Produktion könnte zu einem **geringeren Bedarf an Pausen** und damit zu **weniger Risiko** durch Ausfälle führen – allerdings auf Kosten eines neuen Risikos: **Technische Störungen** durch **KI-Fehler** oder **Maschinenfehler**, die durch den langen Betrieb nicht sofort erkannt werden.

- **Erhöhte Risiken:** Die ständige Betriebsbereitschaft könnte die Wahrscheinlichkeit von **Langzeitschäden** oder **systemischen Ausfällen** erhöhen, da es weniger Zeit für präventive Wartungsmaßnahmen gibt. Die Frage, wie schnell ein Ausfall oder Fehler erkannt wird, wird eine größere Rolle spielen.

- **Betriebsunterbrechungen:** Sollte ein Maschinenfehler oder ein KI-gesteuerter Fehler auftreten, könnte die **Betriebsunterbrechung** langwieriger sein, weil der Fehler möglicherweise erst spät erkannt wird.

- **Versicherungslösungen:** Betriebsunterbrechungsversicherungen müssen an die **ununterbrochene Produktion** angepasst werden. Es könnte notwendig sein, spezialisierte **Betriebsunterbrechungspolicen** zu entwickeln, die auf **Schnelligkeit der Reaktionszeit** bei Störungen oder Ausfällen eingehen und die **Kosten** für Reparaturen oder Ersatzlieferungen schneller decken.

c) Versicherung von Ersatzteilen und Reparaturen

Ein weiterer wichtiger Punkt ist die Frage, wie sich der **24/7-Betrieb** auf die **Verfügbarkeit von Ersatzteilen** und die **Reparaturzeiten** auswirkt, die für die **Betriebsunterbrechungsversicherung** von Bedeutung sind.

2. Auswirkungen auf Lieferketten und Ersatzteilversorgung

Die **ununterbrochene Betriebsweise** von Maschinen könnte sowohl **positive** als auch **negative** Auswirkungen auf die **Lieferketten** und **Ersatzteilversorgung** haben.

a) Leichtere Verfügbarkeit von Ersatzteilen:

Durch die zunehmende **Vernetzung von Maschinen** und die Integration von **IoT**-Technologie in den Produktionsprozess können **Maschinenbetreiber** potenzielle **Defekte** oder **Fehlfunktionen frühzeitig erkennen** und rechtzeitig auf **Ersatzteile** zugreifen, bevor eine ernsthafte **Produktionsunterbrechung** eintritt. **Predictive Maintenance** (vorausschauende Wartung) könnte durch KI so verbessert werden, dass eine **automatische Bestellung** von **Ersatzteilen** erfolgt, bevor ein Ausfall eintritt.

- **Beispiel:** Ein **Sensor** in einem **Fertigungsroboter** erkennt frühzeitig, dass ein Bauteil **abgenutzt** ist, und bestellt automatisch ein **Ersatzteil**. Durch diese vorausschauende Wartung wird das Risiko eines **Produktionsausfalls** verringert, da die Wartung **proaktiv** durchgeführt wird.

b) Schwieriger werdende Ersatzteilversorgung:

Die **24/7-Betriebsweise** von Maschinen könnte jedoch auch die **Notwendigkeit** für eine **ständige Ersatzteilverfügbarkeit** erhöhen. Wenn Maschinen ohne Pausen laufen, verschleißen sie schneller, und die **Notwendigkeit für Ersatzteile** könnte steigen. **Engpässe** oder **Unterbrechungen** in der **Lieferkette**, insbesondere bei **globalen Lieferanten** von Ersatzteilen, könnten die Reparaturzeiten erheblich verlängern und zu längeren **Betriebsunterbrechungen** führen.

- **Beispiel:** Ein globaler **Handelskonflikt** oder eine **Pandemie** könnte die **Zulieferketten** unterbrechen und **Ersatzteile** verzögern. In einem solchen Fall könnten Unternehmen, die auf **ununterbrochene Produktionssysteme** angewiesen sind, mit erheblichen **Verzögerungen** und **finanziellen Verlusten** durch Betriebsstillstände konfrontiert werden.

c) Logistische Herausforderungen:

Die **logistischen Herausforderungen** werden auch dann wichtiger, wenn der Betrieb ununterbrochen läuft. Für Versicherer und Unternehmen wird es zunehmend entscheidend sein, wie schnell Ersatzteile verfügbar sind und wie effizient **Ersatzteil-Lieferketten** organisiert sind. **Lagerhaltung** und **Just-in-Time-Lieferung** werden eine größere Rolle spielen, insbesondere in **technologischen** und **hochautomatisierten Industrien**.

3. Betriebsunterbrechung und Reaktionszeiten

Die **Reaktionszeiten** bei **Betriebsunterbrechungen** müssen immer schneller werden, wenn Maschinen rund um die Uhr laufen. In der **Industrie 6.0**, wo **autonome Systeme** und **KI** den Betrieb steuern, werden Maschinen immer schneller repariert oder ersetzt werden müssen, um **Betriebsunterbrechungen** zu minimieren.

a) Schnelle Reaktionszeiten bei Ausfällen:

- **Automatisierte Reparaturprozesse** oder die Integration von **Intelligenten Wartungssystemen** könnten dafür sorgen, dass Maschinen innerhalb von Minuten repariert oder durch andere Maschinen ersetzt werden. Dies erfordert jedoch die Entwicklung von **Versicherungslösungen**, die sofortige **Reparaturen** und **Ersatzteilbereitstellung** finanzieren können.

b) Herausforderungen bei Notfallersatzteilen:

- Sollte es zu einer **Verzögerung** in der **Ersatzteilversorgung** kommen, könnte die **Betriebsunterbrechungsversicherung** nicht nur für die **Direktkosten** (z. B. Produktionsausfälle) aufkommen, sondern auch für **Langzeitausfälle**, die durch **verzögerte Reparaturen** entstehen.

Die **24/7-Betriebsweise** von Maschinen, die durch **KI** und **Automatisierung** ermöglicht wird, wird die **Versicherungslandschaft** erheblich verändern. **Feuerversicherer** und **Betriebsunterbrechungsversicherer** müssen sich mit neuen **Risiken** und **Anforderungen** auseinandersetzen, insbesondere im Hinblick auf **Brandgefahren** durch längere Betriebszeiten und **schnellere Fehlererkennung** bei **Maschinenfehlern**. Die **Ersatzteilversorgung** wird zunehmend wichtiger, sowohl für eine schnellere **Reparatur** als auch für die **Prävention von Ausfällen**, und **versicherte Unternehmen** müssen sich auf eine schnellere **Wiederherstellung** durch **Automatisierung** und **vorausschauende Wartung** einstellen.

Business Continuity Management (BCM) wird in einer Welt mit **KI-unterstütztem Betrieb** unverzichtbar, da es Unternehmen hilft, auf **technologische Störungen** und **notwendige Reparaturen** schnell und effizient zu reagieren.

Zeitfracht Medien GmbH
Ferdinand-Jühlke-Straße 7,
99095 - DE, Erfurt
produktsicherheit@zeitfracht.de

FSC
www.fsc.org
MIX
Papier | Fördert
gute Waldnutzung
FSC® C083411